オール沖縄 VS. ヤマト

政治指導者10人の証言

Yamada Fumihiko
山田文比古

青灯社

オール沖縄 vs. ヤマト

——政治指導者10人の証言

装丁　三村淳

目次

はじめに

青い海に囲まれた美しい沖縄の島々の地下には、赤いマグマが鬱積し、沖縄と本土との間の海の底には、両者を隔てる深い海溝が広がっている。

そうした不気味な喩えが、今の沖縄の政治状況や、沖縄と本土の関係にぴったり当て嵌まるほど、沖縄の人々の心の奥底では本土政府への怒りが静かに燃え広がり、それに対し無理解ないし無関心な本土の人々との心の溝が深まっている。

仲井眞弘多《ひろかず》沖縄県知事が昨年暮に、米軍普天間飛行場の移設先とされる名護市辺野古《へのこ》の埋め立てを承認したことで、沖縄問題は山を越えたと考えるのは間違いだ。実際、年明けに行われた名護市長選挙では、辺野古基地建設反対を唱える稲嶺進市長が再選された。稲嶺進候補の陣営には保守支持層の一部が加わり、同候補の当選に貢献した。

二〇〇九年に鳩山由紀夫元首相が「最低でも県外」という方針を示したことによって、

それまで県内移設を容認していた保守層も県外移設を唱えるようになり、県内移設反対の流れは「オール沖縄」の様相を呈していたが、そうした世論の傾向は、仲井眞知事の辺野古基地容認後も依然として根強く残っている。逆に、自民党沖縄県連が仲井眞知事と平仄を合わせるように、辺野古容認へと舵を切ったことに対する県民世論の反発は大きい。そういう中で行われる十一月の県知事選挙の結果次第では、沖縄は混沌とした状況に陥ってしまう可能性がある。

そうした事態になることを一番恐れているのは、日本政府、今の安倍政権であろう。日米関係の根幹を揺るがしかねないとの危機感と、沖縄問題を現代の安保闘争であるかのように捉える強迫観念から、何としてでも封じ込めようという姿勢が窺える。

しかし、それが逆に沖縄県民世論の反発を強め、反対派を勢いづけるという悪循環を招いている。石破茂自民党幹事長が、昨年十一月に同党の沖縄県選出国会議員五人とともに、記者会見で、移設先について辺野古を含むあらゆる可能性を排除しないことで一致したと表明したことは、多くの沖縄県民に、一八七九年の「琉球処分」を想起させた。また、沖縄がこれほど声を大きくして基地に対する異議申し立てを訴えても、本土の人々が共感を示さなくなってきたということも、沖縄の焦燥感を強めている。

「沖縄問題」という言葉は、そうした混迷をもたらすに至った、米軍基地の沖縄偏在に起因する問題、すなわち基地問題と同義で使われることが多い。基地の負担やさまざまな被害に苦しむ沖縄の人々の不満を鎮めるためにどうしたらよいかという問題意識から、沖縄対策的な意味合いが込められることも多い。そこには、あたかも沖縄自体が問題の発生源であるかのごときニュアンスすら感じられる。

しかし、問題の発生源は沖縄ではない。また、今や沖縄をめぐる状況は、基地問題とは質的に異なる、新たな意味での「沖縄問題」を提起しているように見える。沖縄の人々にとって理不尽な仕打ちとしか思えない対応を、日本政府や本土の人々が取り続けるのであれば、沖縄は沖縄で、自らのアイデンティティを主張し、自己決定権の下で、過重な基地負担を拒否しようという動きが、沖縄の保守層にまで広がってきている。そのベクトルは、基地問題の射程を突き抜け、沖縄自体のあり方や本土との関係の見直しに向いている。一部とはいえ、沖縄独立論がまた囁かれるようになったのも、故なしとしない。

こうした沖縄の主体性の覚醒は、沖縄が日本の一部であることを当たり前のように考えてきた我々日本人に対し、本土と沖縄の関係についての再考を促している。それは、自らの安全保障を沖縄に依存している日本という国のあり方を問うているという意味で、「沖縄問題」というより「日本問題」として捉え直すべきかもしれない。

しかし本土では、そういう問題意識は極めて希薄だ。沖縄の異議申し立てに耳を傾ける雰囲気は、今やほとんどない。一九九六年の普天間飛行場の返還に関する日米両政府の合意の際に示された沖縄に対する償いの姿勢や、二〇〇〇年の九州・沖縄サミットのころに見られた全国からの暖かい視線は、影も形もない。逆に、その後基地問題が膠着状態に陥っていることによる、沖縄疲れともいうべき現象が生じている。メディアによる沖縄報道もマンネリ化し、かつてのように国民の関心を惹きつけることはない。

そういう状況のなか、沖縄はどこに向かおうとしているのか。沖縄の人々は、何を考えているのか。

沖縄の異議申し立ては、現代の安保闘争なのか。沖縄のアイデンティティの追求は、本土との決別をもたらすのか。オール沖縄の再構築は、沖縄の伝統的政治構造を変えていくのか。

そもそも沖縄の人々は、日本という国家、日本人であること、について、どう考えているのだろうか。東アジア情勢の認識や安全保障観において、一般の日本人と同じ感覚を共有しているのだろうか。沖縄と歴史的・文化的に縁の深い中国との関係についてはどう考えているのだろうか。

これらの問題について、沖縄県民の中には多様な考え方があり、決して沖縄は一枚岩ではない。まず基本的に、米軍基地と日米安保に対する姿勢をめぐって、反対派と容認派の対立がある。前者は、今や本土では死語となった観のある「革新」という言葉で総称され、後者は「保守」と呼ばれる。県知事を始めとする自治体の首長を選ぶ選挙では、両派の一騎打ちとなることが多いので、政治の世界では保守と革新の色分けが、それなりに意味を持つ。しかし、もちろん両派の間には、そうした色分けを嫌い中道を志向する人々や、無党派層や無関心層を含むサイレントマジョリティが存在する。また、更にそれとは別に、世代による考え方の違いもある。

それらのすべてを詳らかにすることは筆者の手に余るが、県民の多様な意見を代弁し代表する立場にある沖縄の政治家の声を通して、沖縄の人々の様々な考え方を紹介しようというのが、本書の目的だ。

本書は、筆者のインタビューに応じてくれた一〇人の沖縄の政治家のナマの声によって構成される。その一〇人とは、五十音順に、稲嶺惠一前沖縄県知事、稲嶺進《すすむ》名護市長、伊波《いは》洋一元宜野湾市長、大田昌秀元沖縄県知事、下地幹郎元衆議院議員、高良倉吉沖縄県副知事、山内徳信元参議院議員、吉元政矩元沖縄県副知事の八人のほか、匿名で現職の沖縄県選出自民党国会議員一人と基地所在自治体の保守系首長一人で、いずれも沖縄を代表する屈指の政界の指導者だ。支持基盤別にいえば、保守系と革新系それぞれ五人ずつの同数になる。ただし厳密には、無所属ないし保守・革新のいずれでもないという立場を探る人もこの中には含まれているので、本書における保守系と革新系の色分けは、あくまでもいずれの側を主な支持基盤としているか、逆に言えば、いずれの側の政治勢力や有権者から主に支持されているかということを基準に分類しているだけで、必ずしも本人の政治的立場を示しているものではないことを、予めお断わりしておく。

この一〇人の政治指導者たちから、本年二月に筆者が直接聞き取った意見に加え、既に公表されている他の政治家の見解などを、筆者なりの問題意識に応じてテーマ別に整理して、次章以降で紹介したい。読者は、それぞれの立場によって異なる考え方を確認する一方で、立場の違いを超えて沖縄県民としての共通項があることを発見するだろう。

1　オール沖縄の異議申し立て

オール沖縄

「オール沖縄」という言葉が、沖縄で今、政治のキーワードになっている。もともと、米軍基地に対して否定的な立場を取る革新に対し、自民党に代表される保守は、一定程度容認の立場を取ってきた。そうした立場の違いを乗り越え、超党派で共同歩調を取ろうという願いが、「オール沖縄」という言葉に込められている。

この「オール沖縄」は、保守の側が、従来の容認の立場から、県内移設反対の立場に転じ、その点で革新に歩み寄ったことによって実現した。そのきっかけになったのは、二〇〇九年の鳩山由紀夫元首相の「最低でも県外」発言だ。沖縄保守にしてみれば、本土政府の強い要請により、苦渋の選択として基地負担を容認してきたのに、その本土政府が県内でなくてもいいというのであれば、自ら基地負担を引き受ける筋合いはない。

アイデンティティで心を一つに

沖縄保守の側で、仲井眞知事の辺野古埋め立て承認後の今も、強力にこの路線を主導しているのは、翁長《おなが》雄志那覇市長だ。同市長は、今年二月十八日の那覇市議会で表明した施政方針演説のなかで、次のように述べて、保革の県内対立を乗り越え、県民の結束を呼びかけている。それにあたり、同市長が強調するのは、イデオロギーで対立をするのではなく、沖縄県民としてのアイデンティティで心を一つにして結束しようということだ。

沖縄では、長くイデオロギーの対立を絡めた基地問題についての白黒闘争が繰り広げられてまいりました。

基地が、沖縄の経済振興の阻害要因となっていることは、本市の小禄金城《おろくかなぐすく》地区や、新都心地区返還後の発展と経済効果を見ても明らかです。

オール日本（ジャパン）で米軍基地を沖縄に置こうという動きに対しては、沖縄は基地依存経済であるという認識の誤りを正すことが重要です。その上で、イデオロギーを乗り越え、県民の心をひとつにして、基地問題解決を求める主張を続けていかなければならないと考えております。

長い戦後の歴史を振り返り、これからの沖縄の将来に思いを馳せる時、県民の心をひとつにする意義を強くかみしめることが大切であると考えております。

外交問題も絡んで、基地問題は、今後さらに紆余曲折することが予想されますが、平和と安心・安全を基礎として、自立した発展を目指すという沖縄の心だけは、決して見失ってはならないと考えております。

（中略）

私たちは、「イデオロギー」ではなく、県民としてのアイデンティティ」で結束し、日本の中から東アジアの安定と平和を強く訴えていかなければなりません。

（中略）

意地が出るなら手を引け。手が出るなら意地を引け。（いじぬんじらーてぃーひき。てぃーぬんじらーいじひき。）

国におかれましては、沖縄の声にも耳を傾け、日本の将来を真剣に考えて、外交や基地問題の解決に向け、努力を重ねることを願ってやみません。

この「オール沖縄」で目指すことは何か。それは、翁長市長のお膝元である那覇市議会が昨年十二月二日に全会一致で採択した、次のような意見書に明確に述べられている。

私たち沖縄県民は、普天間基地の閉鎖・撤去、県内移設断念、垂直離着陸機・オスプレイ配備撤回の県民総意を文字通り〝オール沖縄〟でまとめあげてきた。

本年一月には、県内四一市町村のすべての首長と議会議長、県議会議長などが署名した「建白書」を安倍晋三首相に手渡した。九月には、県内の行政・議会の五団体（県議会、県市長会、県市議会議長会、県町村会、県町村議会議長会）が、オスプレイを強行配備した日米政府を糾弾し、全機撤去を求める抗議声明を発表した。

然るに、日米両政府はこの県民総意を無視して、「辺野古移設」を「唯一の解決策」として力ずくで押し付けようとしている。

国土面積の〇・六％にすぎない沖縄に米軍専用施設の七四％が集中する異常な実態に対する県民の憤りは、いまや限界点をはるかに超えている。

本市議会は、これまでも沖縄の過重な基地負担の問題解決を求め、全会一致で意見書を可決してきた。

私たち沖縄県民は、米軍占領時代から保革をこえた島ぐるみのたたかいで、土地取り上げに反対し、祖国復帰を実現してきた。いま、求められているのは沖縄のアイデンティティを貫き、県民の心をひとつに県民総意の実現へ頑張り抜くことである。

よって、本市議会は、沖縄への圧力を強め、政治家に公約の変更を迫り、「県民総意」を分断し、県知事に新基地建設のための公有水面埋め立て申請の許可を迫るなど、子や孫の代まで米軍基地を強要しようとしている日本政府のやり方に、激しい怒りを禁じえない。同時に、市民、県民の生命と安全を守る立場から、辺野古沖移設を強引に推し進める政府に対して激しく抗議し、県民総意である普天間基地の県内移設断念と早期閉鎖・撤去を強く求める。


翁長市長は、二〇〇〇年に那覇市長に就任する前は、自民党県議会議員を務め、自民党沖縄県連の幹事長を務めたこともある。いわば沖縄保守を代表するリーダーの一人であるが、そのリーダーが、革新勢力と「心を一つにして」、県内移設反対の県民大会や、オスプレイ配備撤回を求める東京要請行動で共同代表を務めるなど、ここ数年の「オール沖縄」の異議申し立てに深く関与してきたのだ。

保守良識派

こうした沖縄保守の一部の動きは、革新勢力を中心として基地に否定的な立場を採る人々から、「保守良識派」として歓迎される。辺野古基地建設反対の立場を明確にしている稲嶺進名護市長などは、こうした保守の一部との連携に期待を抱く。同市長は、筆者のインタビューに答え、次のように述べている。

昔、沖縄には革新統一というものがあったが、今はそれができない。なぜかと言えば、日本復帰後、沖縄の政党は本土の政党に系列化され、それぞれのイデオロギーに従い、自分たちの主張ばかりするようになったからだ。

そこで考えられたのは、少なくともある一点について、最大公約数的なところでまとまる、その他については口出ししない、という形の統一方式だ。実は前回と今回の名護市長選挙はそういうものだった。ほかのところから共産党や社民党と政策協定をやっているのだろうと言われるが、そんなことは一切やっていない。政策協定はなし。要するに、辺野古に新たな基地を造らせないということ、その一点でまとまった。共産党もそれでOKということだった。これは手前味噌だが、名護方式と言われている。

保守の一部を含むオール沖縄ということにするのであれば、そういう形でやっていかなければできない。しかし、沖縄だけの特別の事情のところだけで一つの共通の認識を持つ、その他のところについてはそれぞれでやりましょうということにすれば可能性があるのではないかと思う。翁長さんがしきりに言っていることはそういうことだ。

沖縄の声というものをあっちからもこっちからも自発的に言えるようになったら、オール沖縄という段階になると思う。

一方、これに対し冷ややかな目もある。かつて自民党所属で衆議院議員を務め、その後同党を離党して、国民新党の幹事長などを歴任し、今は地域政党「政党そうぞう」の代表を務める下地幹郎氏は、筆者のインタビューに答え、次のように述べている。

オール沖縄は、本当は存在していなかったにも拘わらず、架空で作られてしまった。オール沖縄という言葉が語られる元になった建白書が採択されたときに、仲井眞知事は参加していない。そもそも知事の参加していない建白書はあり得ない。そこに初めから無理があった。オール沖縄という言葉を作る過程が、もう少ししっかりしていれば、オール沖縄は長く続くことができたかもしれない。

しかしオール沖縄という言葉は、言葉としての存在感は示しているものの、実体としては存続が難しくなってきている。なぜかと言えば、保守のなかで、自民党が変わったからだ。翁長さんのようにオール沖縄という言葉の中に残っている保守の人もいるが、自民党は辺野古案に戻ってしまい、オール沖縄という言葉から出て行ってしまった。民主党はオール沖縄という言葉の中に残っているかといえば、それも違う。これから知事選挙になると、オール沖縄という言葉の実体はもっとぶれてくると思う。経済界も割れる。政治家も割れる。そうなるから、県知事選挙ではオール沖縄というようなことを表現しようとすると無理が出てくる。

稲嶺進名護市長が期待するような「オール沖縄」が、十一月の知事選挙に向けて再構築されていくのか、それとも下地元衆議院議員が言うように「架空」のもので終わるのか。その答えを探るため、沖縄の伝統的な政治構造と基地問題の関係について、次章以下で検証してみたい。

2 — 革新の拒否の論理

構造的差別

前章で見たように、保守の中にすら、米軍基地に対し否定的な意見を躊躇なく表明する動きが出てきたのだから、もともと基地に対し否定的な立場を取る革新側の論調はさらに厳しい。最近は特に「構造的差別」という言葉がよく使われる。一九九〇年から一九九八年まで二期に亘って沖縄県知事を務め、その後社会民主党所属で参議院議員も務めた大田昌秀氏は、次のように語る。

本土と沖縄の関係には、深い溝がある。これは昨日今日出てきた問題ではなくて、古い歴史的背景がある。

最近の沖縄の新聞では、構造的差別がキーワードになっていて、それに対する怒りがいたるところに溢れている。この間、仲井眞知事が辺野古の基地の埋め立てを承認したことが、人々を怒らせている。しかし、それに反対する稲嶺名護市長が四千票あまりの差で勝ったことで、住民はほっとすると同時に、ある種の沖縄の心を表明した。それは、俗な言い方で表現すれば、金で魂を売ってはいけないということだ。

構造的差別とはどういうことかといえば、衆参合わせて七二二人の国会議員がいるが、その中で一〇名しか沖縄代表はいない。昔、沖縄選出の喜屋《きゃん》武真栄・参議院議員が、小指の痛みを全身の痛みにしてほしい、つまり沖縄という小さな部分的な痛みは、本当は沖縄だけの痛みではなく日本全国民の痛みだ、と国会で訴えたことがあるが、全然聞いてもらえなかった。今の七二二人の国会議員のうちの一〇人がいくら声を一つにして訴えても、圧倒的多数を占める他府県選出の国会議員の皆さんは、自分のことととして考えてくれない。

法律は国会で作るので、その気になれば、解決は早いと見ているが、例えば二〇〇六年に、日米基地再編実施に関するロードマップが発表されて、八千人の海兵隊と九千人の家族をグアムに移すという話が始まった。その時、私は参議院の外交防衛委員会に入っていた。グアム移転を実現するには、日本側の持分として一〇三億ドル、日本円にすると約七千億円の予算がかかるとされていた。それについて、外交防衛委員会の他府県の議員が、なぜ俺たちの税金を七千億円も沖縄のために使わないといけないのかという言い方をした。それに対して私は、我々は一銭も金は要らないから、あなたのところに基地をもっていきなさいと言った。そういうふうに、沖縄のために何かをするということは、まったく外国のために何かをするかのような発想に捉われていて、そこに既に溝ができている。

民主主義制度は今のところ一番よい政治制度といわれているが、皮肉にも、その民主主義の名において、多数決原理によって、マイノリティ・グループはまったく無視される。マイノリティの声も大事に取り上げるというのが民主主義の本来のあり方のはずだ。マスメディアも、沖縄は日本の一部でしかない、なぜ殊更に沖縄の問題だけを取り上げる必要があるのか、という論調が全国紙では支配的だ。沖縄に各紙の特派員がいるが、かれらがいくら記事を書いて送ってもデスクに消されてしまって、掲載されない。そういうふうにすべてが構造化してしまって、差別が構造化している。これが、構造的差別だ。

稲嶺進さんは、陸にも海にも基地を作らせないということと、将来の子どもたちに平和な世界を残したいという発想で、名護市長選挙で勝ったが、かれは教育畑にいた人だから、そのことがよく分かるわけだ。しかし、選挙には勝ったものの、これからが大変だ。埋め立てに関し、市長には一〇項目くらいの権限がある。これを基に市長がつっぱねたら、政府はどうするか。この間、防衛大臣が最後は法律があるということを言ったので、私はすぐにぴんときた。市長の権限を取り上げる法律を作って、それを取り上げようとするのだ。しかし、もしそれをやると、こんどはコザ騒動どころではなくて、血を見る騒ぎが起きる可能性がある。

沖縄の人は普通は温厚で、権力に抵抗する人たちはほとんどいない、日本全国で百姓一揆のなかった唯一の地域だと言われてきた。ところが、コザ騒動のときに、米軍の車両を八三台焼き払った。それから嘉手納のゲートで、銃を持っている米軍の憲兵がいるところを、金網を断ち切って中に入り、米人小学校の校舎などに放火して燃やしている。その時はコザの市民だけで四千人くらいが加わった。当時は、沖縄に置かれていた毒ガス兵器の移送問題で、人々の怒りが溜まっていたときだった。そういう経験からして、我々としては、二度とそういう行政がコントロールできないような事態にならないようにするにはどうしたらよいかということでいろんな工夫をしてきたつもりだが、ところが、一九九五年九月に少女暴行事件が起きて、県民の怒りが再び爆発した。

「コザ騒動」というのは、沖縄がまだアメリカの施政権下にあった一九七〇年十二月二〇日の未明に、コザ市（現在の沖縄市）で発生した米軍車両・施設に対する放火などの騒乱事件のことで、本土復帰を控えていた日米両政府に衝撃を与えた。

それと同じような「血を見る騒ぎ」が起きるかもしれないというと、大袈裟に聞こえるかもしれないが、大田知事時代の一九九五年九月には、米海兵隊員による少女暴行事件が起きて、沖縄県民の怒りが爆発し、八万五千人という復帰後最大規模の県民総決起大会が開かれた。

大田元知事と同様の危機意識は、同元知事とは異なる政治的立場を採る稲嶺恵一前知事も共有する。太田元知事の対抗馬として保守勢力から推されて立候補した一九九八年の知事選挙で、同元知事を破り当選した稲嶺恵一氏は、その後二期八年に亘って沖縄県知事を務めた経験を踏まえ、次のように語る。

人間は理性と感情の両方をもっている。理性に基づき、事務的にことを進めていても、土壇場になって本当に感情が燃え出したときには、想像もつかない動きがでてくることがある。私は実はそれを恐れている。

今のところはなにもない。なぜかと言えば、仲井眞知事が埋め立てを承認したといっても、それはまだペーパーの上だけの話だからだ。具体的な動きはまだなにもない。ところがいざ具体的に埋め立てをやるということになると、闘争の動きがでてくるだろう。その闘争は、当然左の人たちが中心になって行われるだろう。反対派の運動家だけであれば、政府は権力的に、警察などの力を使って押しきれるだろうが、もし相手が障害者や老人などの弱者を先頭に立てて表にでてきた場合、一体どう対応するのだろうか。実際、左の人たちは、支援活動など通じて、そうした弱者の人たちとハートとハートの強い結びつきがある。こういう人たちが何らかの形で犠牲になったり、不測の事態が起きたりすると、県民感情が一挙に燃え上がる可能性が多分にある。それは怖いことだ。

そういうことを、今のところは誰も考えていないと思う。今の政府の考え方は、甘い。事務的にばっかり考えていて、難しい問題はまったく考えていない。しかし、そのときになって初めて分かるだろう。そのときに一体どうするか。誰が責任を持つのか。

そうした県民感情というのは潜在的なものだ。若い人にはあまりないかもしれないが、まったくゼロではない。かれらも両親や祖父母からいろいろな経験を聞かされて育ってきている。今までは聞き流していたかもしれないが、いざそういうことが起きれば、頭の片隅に残っていたことを思い出し、目覚めるだろう。

本土と沖縄の認識ギャップ

こうした危機意識は、本土政府関係者には共有されていない。本土の人々には、なかなか沖縄の反基地感情の強さは理解されない。基地問題と日米安保に対する、本土と沖縄の間の認識ギャップについて、伊波洋一元宜野湾市長は、次のように述懐する。

伊波洋一氏は、沖縄県議会議員を経て、二〇〇三年から二〇一〇年まで二期に亘り宜野湾市長を務めた。二〇一〇年には、革新勢力に推され、仲井眞知事の対抗馬として沖縄県知事選挙に立候補している。

沖縄が基地に反対しているのは、突然起こったことではなくて、沖縄の基地の成り立ちにそもそも起因している。そのことを本土の多くの人々は知らない。そこに、本土の人たちと沖縄の人たちとの間に、考え方の面で大きな落差がある。

本土では、日米安保条約に基づいて米軍基地がある、アメリカが日本を守ってくれる代わりに日本が基地を負担することは当然のことだと考える。そういう仕組みは、一九五二年のサンフランシスコ条約発効のときからスタートしている。ところが沖縄にとっては、日米安保が基地の理由ではない。そもそも沖縄戦があって、戦争の中で大方の土地が取り上げられてアメリカ軍の基地が作られた。戦後、サンフランシスコ条約ができて日本は独立を回復したが、沖縄は米軍統治になって、さらなる追い討ちがかかった。日本本土から米海兵隊を沖縄に移すための基地建設が始まり、五五年ころから銃剣とブルドーザーによって、それまで住んでいたところから追い出され、米軍基地が拡大、強化された。

このような基本的事実があるので、保守系の人々も含め、自分たちは基地を受け入れてきたのではないというのが基本認識になっている。最終的に基地などないほうがいいと常に思っている。それが象徴的に表れたのが先日の名護市長選挙だ。この選挙では、もともと保守系の人々、例えば、元沖縄県議会議長や、自民党所属衆議院議員の後援会長、西銘《にしめ》知事時代の副知事、経営者の方々なども、辺野古基地建設に反対ということで、稲嶺進候補の応援に加わっていた。

つまり心の中にあるものが違う。本土の人たちは、基地というものについて直接的な体験がない。自分との関係は殆どない人が多い。あるにしても、横田にせよ、岩国にせよ、相模原にせよ、もともと戦前に日本軍の基地であったところに米軍基地が作られているので、ある程度騒音などの被害はあっても、必ずしも直接的な基地被害者意識というものではない。これに対し沖縄は、現実に土地を取り上げられたことや、日常的に米軍人による事件事故の被害を受けているところなので、本土と全然違う。

こうした認識から、沖縄の批判の矛先は、日本政府、安倍政権に向けられる。山内徳信元参議院議員は、次のように語る。

山内徳信氏は、一九七四年から六期、読谷《よみたん》村長を務め、大田県政の出納長を経て、二〇〇七年から二〇一三年まで社会民主党所属で参議院議員を務めた。

今、日本政府の暖かい視線は、同じ日本国民である沖縄の方には向けられていない。アメリカに向いている。アメリカに弁解ができるようなことをするため、そして顔向けができるようにするため、小の虫を押し潰してでも日本政府は頑張ったということを見せたいのだ。それは、卑屈な外交というべきだ。基地を全国の七四%も押し付けられているわけだから、沖縄県民が言うことを聞きません、これ以上強引に辺野古を押していったら、沖縄にあるすべての基地に波及します、というような知的な戦略を、なぜ編み出すことができないのか。それほど日本の政治は腐敗し、想像力を失っている。それが今の安倍政権の沖縄に対する根本的な見方であり、沖縄に対する政治的差別の構造だ。

こうした不信に加え、沖縄県民がきちんとした人間扱いされていないという不満がある。大田元知事は、次のように述べて憤る。

沖縄は無人島ではなくて、一四〇万人の人間が住んでいる。その人間は、本土の人間、アメリカの人間と同じ人間だ。にもかかわらず、沖縄の人々を人間扱いしていない。歴史を振り返ってみると、絶えずモノ扱いにして、日本本土の目的を達成するための手段に供してきた。一九五二年の平和条約の発効のときには、沖縄だけを米軍の占領下に引き離しておいて、やれ独立だとお祝いをする。まさにこれがその通りで、沖縄の人が手段に供されて、政治的取引の具にされてきたということは、否定しようがない歴史だ。

一九七一年に、屋良朝苗《ちょうびょう》・行政主席が、沖縄返還協定の中味が沖縄の住民が望んでいることと違うということで、建議書をもって羽田に降りたときに、政府はそれを見ようともせず、返還協定を強行採決した。その建議書のなかにも、沖縄住民は手段に供されてきた、モノ扱いされてきたと、だから将来はそういうことのないようにということがちゃんと書かれている。沖縄のガンジーといわれている、伊江島の阿波根《あはごん》昌鴻《しょうこう》さんも、沖縄は無人島ではなく、ちゃんとした人間が住んでいると主張して、「人間の住んでいる島」という本を出している。そこが本土の人や記者と話していて根本的に違うと感じるところだ。

3　保守の容認の心理

多重的不信感

本土に対する不信感は、革新側だけに止まらない。保守の側にも、基地問題については、革新とあまり変わらない、厳しい姿勢がある。下地幹郎元衆議院議員は次のように言う。

沖縄では、基地問題について多重的な不信感がある。沖縄の人は、アメリカに対しては、約束を守ってくれないという不信感を持っているし、日本政府に対しては、自分たちの不満や要望をアメリカ側にきちんと伝えてくれているのだろうかという不信感があるし、本土の人に対しては、わが国の安全保障の役割を沖縄にだけ背負わせて無責任だなという不信感がある。沖縄県の内部でも、容認派と反対派の間に不信感がある。こういう多重的な不信感が、戦後数十年の間に積み重なってできてしまっている。

それでどちらかに結果が出ればいいのだが、どちらにも結果が出ない。もし、だれか勝利者が出れば、この勝利者に傾いていく。そしてこの勝利者がなんとか物事を整理していくのだが、現実はそうはならず、膠着状態が続いていて、七五％の在日米軍基地が沖縄に集中しているという状況は一向に変わらない。

多重的な不信感に加えて、状況が変わらないという現実があるところに、根本的な難しさがある。

一向に解決しない基地問題については、こうして保守の側にもフラストレーションがある。米軍基地を抱えるある自治体の保守系の首長は、筆者とのインタビューのなかで、次のようにもやもやとした胸の内を述懐している。この首長は、県内移設の可能性を排除しないとの立場を取っている。

基地問題以外では県民世論の中でオール沖縄というものはなかなかないはずだが、

基地問題については、世代による違いもある。容認とか反対という以前に、基地という問題の経験上あるいは体験上の違いもあるだろうし、復帰後の世代の人がどのように捉えているかは私も見づらいところがあるが、そのような世代間の温度差や違いというものがある。ただ一つ言えることは、県民世論もそうだが、米軍基地を抱える自治体の首長あるいは住民からすれば、返還が合意された基地については、返還合意の原点というものをもう一度やはり県民も考えて欲しいという願いがある。あくまでも県民世論というより、むしろそこに比重を置くべきだと私は思っている。

基地の呪縛

一方、沖縄がいつまでも基地問題に振り回されることへの倦怠感もある。ある自民党所属国会議員は、筆者のインタビューの中で、嘆息しながら次のように述べている。

基地問題以外にも、農業でも、畜産でも、農商工連携でも、農林水産でも、力を入れてやるべきことは沢山あるが、それよりも、基地の問題にずっと振り回されている。

基地問題にこれ以上振り回されたくない、だから早く決着を付けたいという気持ちは、多くの沖縄県民が共有する思いであろう。ただ、問題はどう決着を付けるかだ。現実にある米軍基地や、それを押し付ける本土政府との関係について、どう折り合いを付けるのか。

仲井眞県政が選んだ道は、辺野古基地建設の容認という、本土政府との協調の路線だった。自民党沖縄県連も、それに同調した。それに対しては、裏切りだとか、公約違反だとかの痛烈な批判が、県内で巻き起こった。

そうした批判に対し、前出の自民党所属国会議員は、次のように苦しい胸の内を明かす。

県外移設が早いと仲井眞知事はずっと言ってきたが、一言も県内移設に反対とは言ってこなかった。単に、県外の方が早いとだけ言ってきた。これが仲井眞知事のスタンスだ。我々は、県外移設を求めるといったことと、普天間飛行場は固定化しないということをセットで選挙を戦ったつもりだが、マスコミは県外だけが公約だと強調した。

私はもともと、どちらかといえば、辺野古を推進する側にいた。前回の衆議院選挙で当選してからは、県外を求めて九州とかポイント、ポイントを回ったが、具体的に政府からの話はまったくないということが分かった。それで、参議院選の公約として、党の方針が確定したら、どこかで自分なりに原点に戻る、普天間を固定化しないように辺野古容認というスタンスに戻るということで腹を決めていた。

それから知事が印鑑を押す、押さない、の流れがあった。知事は最後までどうこうするとは、我々国会議員にも一言も言っていないが、私は私のスタンスで、自分の中では原点に戻るだけだから、容認已むなしとの思いであった。

県民の思いとしては、できるなら県外に持って行ってほしいというのはベースにある。ただその中でも、普天間を固定化しないということがまずあり、また、現実的に、日米両政府が合意している、それも、基地の規模を三分の一に縮小して、既存の米軍基地に統合するという意味で、万已むなしという形で容認の方向にいった。

仲井眞知事は、民主党政権時代は、だれと話したらいいか分からないという感覚だったと思う。自民党が政権に戻ってからは、直接知事からはなにも聞いたことはないが、はたから見ている限りは、総理や官房長官や幹事長と仲井眞知事との関係の信頼感はあるのではないかと見ている。この安定政権でないと普天間の問題は解決しないだろうという感覚で私は見ている。

仲井眞知事自身は、県外が早いと前から持論で言っているし、印鑑は押したが、いまだに県外が早いと言っている。ここが私とちょっと違う。私は、普天間はとにかく解決しよう、決めたことは解決しようという考え方が強い。仲井眞さんは、印鑑は押したが、言葉の端々に、できるならやってみなさいという感じに見えることがある。

この問題になぜ率先して関わるかといえば、率先してやっているのではなくて、已むなしだ。気持ちはみんな同じだ。県外に持っていけるのならそのほうがいいに決まっている。では県外と言って、じっと黙っておけばいいのか。普天間をそのまま固定化しないというのも選挙公約だ。万已むなしということだ。できたら県外に持っていってほしいと思う。私が独裁者で、私の権限で県外に持っていけるなら、すぐに持っていく。しかし、それは現実にはできない。日本の総理大臣だけでもできない。相手のあることだから。安保条約をやめろというのなら分かるが。

私のように、根っからの自民党員でも、沖縄にいて、沖縄の新聞を読んで、沖縄のいろんなものを見てくると、本当の独立国家としてこれでいいのかという思いはある。外務省にも、本当の独立国家として、外国の、米国の基地が、沖縄にも本土にもあるということについては考えていたほうがいいと常に言っている。ただし、日米同盟しかないというところには戻ってくるが。

4―沖縄のサイレントマジョリティ

反対派は一部の左翼？

沖縄県民がすべて、これまで紹介してきた保守と革新にきれいに分類できるわけでは、もちろんない。一説では、保守の基地容認派が二割、革新の基地反対派も二割、残りの六割はそのどちらでもない中間層か無党派ないし無関心層で、それがいわばサイレントマジョリティだとされる。その比率が正しいかどうかはともかく、また別の説によれば、サイレントマジョリティは必ずしも基地に反対ではなく、反対派は一部の左翼に限られるとされる。

そうした見方について、保守系の仲井眞県政と稲嶺県政のブレーンで、昨年から沖縄県副知事を務めている高良倉吉副知事は、次のように反発する。

そのような問題の立て方をされるのはなぜかといえば、それは米軍基地問題があるからだ。ヤマトとウチナーとの間の交流は相当広がっているにも拘わらず、その実態のなかに基地問題を置いてしまうと、沖縄の中では、それをめぐってある一定の問題の立て方をする人が多い。差別の問題であるとか、傾斜するような論の組立て方もなされる。本土の側でも、基地問題となると、沖縄はかくかくしかじかというステレオタイプ的な評価をする傾向がある。

沖縄側からすると、米軍基地問題というのは日本全体の安全保障の問題であり、全国で分かち合うという気持ちが大事なのだと言い続けている。そうだけれど、他府県の人にとっては、日常的にリアルな問題ではない。そこから日米関係やわが国の安全保障について考えるということは日常的にはしない。

そう考えると、問題の立て方自体に、違和感がある。沖縄側は、米軍基地問題に向き合うときに、なぜここだけに偏在しているのか、負担が過重なのか、日ごろから騒音や事件事故に悩まされているのに、またこんど辺野古に代替施設を作るという、いやそれはむしろ新基地の建設ではないか、そういうまさに剥き出しの問題として見える。そういう方向に引っ張られて基地問題という言説が構築される。

そうなると、両者の間には議論する共通のテーブルはない。本土のほうでは、沖縄にはサイレントマジョリティとは異なる人たち、基地問題について発言する人たちがいて、その人たちの主張はいつもワンパターンで、そうした連中が問題を複雑にしているのだと考える。だから、こちらとしてはいちいち聞く耳を持たないし、反応しても自分たちの身が持たないので距離を置いておこうという形の言説しかでてこない。一方、交流を深めている一般庶民の間では、その問題は非常に論じにくいし、自分たちが観光など様々な交流で感じている沖縄とは別の問題なのだろう、というふうに考えていると私は思う。

だから、私は全然悲観的に見ていない。ヤマトとウチナーとの間では、常にどこかで多くの人々が交流している、その意味は大きいのではないか。沖縄の中から分離独立論、本土から離れようという動きが出てきても、それには本当に冷ややかな反応しか示されない。しかも、こんどのソチ・オリンピックのときにも見られたように、沖縄県でも他の四六都道府県と同じように、日本人選手がメダルを取ったら喜ぶ。甲子園の野球も日本人として一緒に参加する。日本の中の一員という意識は強くある。それと同時に、我々には、伝統的な文化があるということに自負、アイデンティティを持っているが、そのアイデンティティは日本に属することを邪魔するほどのものではない。

しかし、そのアイデンティティがしばしば、米軍基地問題という現実に向き合ったときには、そこから派生してくる沖縄的な言い方というものが登場してくる。その部分について本土の人たちは、自由にディスカッションできる、言い合うような問題ではないので、知らんぷりを決めるか、あるいは、どうせあいつらは左翼の反基地の連中なのだという形にして、とりあえずかわしてみるという構図になっているのではないかと思う。

だから、交流の実績、積み重ねというものが、一番信頼に足る蓄積なのであって、基地問題があるために、それがしばしば、屈折して言葉を発するし、そういうふうに捉えられているという感じがする。

同じく、そういう問題の立て方に違和感を覚えると言うのは、前出の基地所在自治体の保守系の首長だ。

県民的には大なり小なり基地問題は注目されており、他の都道府県の場合と違って身近な問題である。それをいきなり、方程式上、イコール左翼かと言われれば、これは疑問がある。沖縄は戦後七〇年近く、復帰後四二年が経過して、ある意味議論としての方向性は多面化していると私は思う。多面的な中で、いろんな考え方、いろんな方向性、これからのビジョンとしての未来はどうあるべきかという議論の中で、基地という問題は抜け落ちることができないものだと思う。だから、議論は多角的でいいと思うが、若干今の段階ではそこの方に偏っているとまでは言わないが、少なくとも議論が集中的にそこにいっているという気がしないでもない。

普天間の問題についても、その根幹というのは、普天間があるがゆえの問題なのであって、この問題を解決するための返還であったはずだ。この問題の原点をなくして他の問題はなかなか解決できない、まずここを集中的に考えないといけないということは言えると思うし、世論もそういう話を出すべきだろう。返還合意からもう一八年も経った。あとどれだけ待てば、この問題を解決できるのか。いろんな可能性、議論の中で、解決策を求めるべきだと思うし、無為に時間だけが経ってしまったということでは困る。

それでは、沖縄のサイレントマジョリティは、どのように捉えたらよいのか。高良副知事は、結局選挙で判断するしかないと言う。

新聞の世論調査では、埋め立て承認の決定直後の知事への支持率は四〇%以下であった。それについて、一定の状況は反映していると見ることは可能だが、調査の仕方、質問の仕方によって異なるし、統計学的に高度なもので客観的と言えるかどうかについてクエスチョンマークを持つ。サイレントマジョリティは沖縄に存在するように思うのだが、無党派層や、保革いずれにも属さない人々を含め、具体的にどのような切り口で見れば輪郭が浮かび上がってくるかは、私もよく分からない。ただ、それが一番よく分かるのは知事選だと思う。

また、高良副知事は、基地問題に関して沖縄の事情を理解してもらうことの難しさ、沖縄のソフトパワーの限界について、次のように慨嘆する。

基地問題で沖縄側の思いというものをまとめて発信するということは極めて難しい。県内のなかでさえもそれは難しい。県民に大きな影響力のある琉球新報、沖縄タイムスの論調もある。県内の基地問題に対するスタンスの作り方については完全に両紙の独壇場のようなところがある。それに対して、県内ですら、保守県政は基地問題について県民に発信しきれていないというのが現実だ。したがって、県外に対し発信することもできない。

ソフトパワーについてもそうだ。沖縄が沖縄のソフトパワーを発信しようとしても、今のメディアのシステムのなかでは、他の四六都道府県同様に、沖縄発の独自の情報を発信していくことは難しい。観光、物流、留学、環境、芸能など、極めて各論的、具体的実践でしか、発信できない。ソフトパワーとは、沖縄の問題を考えていくときに、具体的なアウトプットとしてあるのではなく、何かアウトプットを作るときの心構えのようなものとしてあるのはないかと思う。

地元紙の影響力

ここで指摘されたように、県内二紙、琉球新報と沖縄タイムスの県民世論に与える影響力は大きい。本土からは偏向しているとの声も聞こえるが、県内ではどう認識・評価されているか。保守と革新とで見方は分かれる。保守系の人は、両紙に対し辛口だ。前出の保守系の国会議員は、次のように言う。

沖縄の新聞を読んでいると、こんなに日本はいい国なのに、こんなに自由にモノが言えて、こんなに豊かになっていい国なのに、自分の国の政府を敵に回したような論調がある。その次はアメリカだ。アメリカは悪いところもいろいろあるだろうが、少なくとも民主主義と基本的人権については、日本と同じスタイルだ。味方にすべきは中国ではなくて、アメリカのはずだが、沖縄の新聞を読んでいると、アメリカを敵に回して、沖縄県民は中国国民になろうとしているのかと錯覚を覚えるくらいだ。

安倍さんに対しても、一国の総理大臣に対して批判的な目をもつということは否定しないが、ちょっとバランスが悪い感じがする。

アメリカについても、軍人や海兵隊だけでないアメリカをトータルに見ないといけないのではないか。日本という国のよさも本当に感じているのか。もし万一、尖閣諸島で何かあったらどうするのか。本当に国が荒れたときにどうなるのか。沖縄を含めて、我々が頼りにする自分の国の政府を、安倍政権を倒すことが社是だというような感覚で書いていると、なんかしっぺ返しを食うのではないかと思うぐらい、いやな気分になることがある。

一方、稲嶺進名護市長は、こうした保守側とは異なる立場から、次のように評価する。

沖縄の新聞が左翼的と言われることについては、当たっていないと思う。というのも、地方紙には、地方の出来事を細かく県民に、あるいは全国民に知らせるという役割がある。そうした地方紙として、沖縄の新聞は、一緒に住んでいる一つの土俵について、細かく、これまでの戦後史を含めて洗いなおしながら、そこで起きていることを知らせて、その上で読者に「どう判断しますか」、「どう理解しますか」ということを問いかけている。そういう意味において、沖縄の両地方紙は、左翼という話ではなくて、ただ、歴史を遡りながら、沖縄の現状を知らせる努力をしているだけだと思う。

他方、本土の主要なマスコミは殆ど沖縄のことを取り上げないので、国民の多くは、一部の情報、報道等を受けて、十分な背景を知らないままに、上辺だけの議論を聞かされているという状況、環境にあるので、沖縄は左翼的だというふうに映っているのではないか。

どこに行っても地方紙はある。どこでも地方紙は自らの生活圏域の中で起こった出来事を中心に取り上げ、どこよりも細かく、そして広く知らせるということをやっていると思う。だから沖縄がそういうふうに見えるというのは、この辺をよく知ってもらう必要がある。これだけ基地問題に関しては、沖縄では人権を否定されるようなことが、日常的に行われているから、それが頻繁に紙面にも出てくるわけだ。それが他の地域と違うところだ。

だから本当は全国紙がもっと、日米安保や地位協定の実情というものを、国民に対して知らせるべきだと思う。日米安保が大切というのに、どうして沖縄だけに押し付けるのか。

今沖縄にいるのは大半が海兵隊だ。しかも、その海兵隊は元々沖縄にいたわけではない。岐阜など県外から来た。戦後間もなく、全国で基地反対の運動が高まってきたことを受け、ちょうどその時アメリカの占領下にあった沖縄に、なにも調整する必要もなく、全部移してきたということがある。そういうことを本当に知っているのだろうか。

マジョリティ、マイノリティのことに話を移すと、全国との比較において、沖縄は面積で言えば〇・六%、人口で言っても一%を占めるに過ぎない。そうすると政治力学上、沖縄県で抱えている国会議員の数は少なく、その他のところとの比較では、圧倒的に発言力や発信する度合いで違いがある。

だから沖縄に閉じ込めておくということが、結果として、自分たちには安心、安住を保証してくれるということがあるから、結局、黙っているということだと思う。

だから誤ったというか、適切な正確な情報があまりにも流されないために起こった現実なのではないか。

異質のサイレントマジョリティ

賛否両論はあるが、両紙の論調が、こと基地問題に関しては、同じように厳しいという事実は、両紙を購読している県民多数の世論を反映していると見るべきだろう。ある保守系の政治家は、達観したように、「偏っているからどうだこうだではなく、それと付き合いながら政治をしていく。それでバランスがとれていい」と述べている。

いずれにせよ、沖縄のサイレントマジョリティが、基地問題に関しては決して宥和的でないことだけは間違いない。

稲嶺惠一前沖縄県知事は、次のように語る。

沖縄のサイレントマジョリティは、日本政府が期待しているものとは異質のサイレントマジョリティだ。しかも単一ではなく、多様なサイレントマジョリティだ。政党にも沖縄社会大衆党という地域政党があるように、沖縄には特殊性がある。だから、他の地域と同じような考え方で、サイレントマジョリティを捉えることはできない。特殊な意味でのサイレントマジョリティとして大きい存在は、米軍の恩恵に浴している人たちだ。例えば、軍用地主や、米軍人に不動産の賃貸をしている人、軍とビジネスをしている人たちなどは、心の中では政府の味方をしているが、それを表に出すと沖縄の中で疎外されるから、口をつぐんでいる。軍用地主は、防衛省に行けば、地代を上げろと騒ぐが、沖縄の中では、自分が土地を持っていることすら知らんぷりをしている。その他、米軍関係の工事を請け負っている土木建設業関係者も、こうした特殊なサイレントマジョリティの一部だ。

そういう利害関係者以外の、本当の意味でのサイレントマジョリティは、政府に対して厳しい見方をしている。かつては、冷静に考えて日米同盟が続かざるを得ないというのなら、沖縄に基地があることも仕方がないという苦渋の選択を受け入れていたが、鳩山首相が県外移設を唱えたことによって、何も私たちは苦渋の選択をしなくていいのではないか、私たちだけが基地負担をしなければいけないのはおかしい、基地が必要というのなら日本各地で引き受けるべきだと考えるようになっている。それが今の沖縄のサイレントマジョリティと見るべきだと思う。表立って騒いだりはしていないが、心の中はそのように変わってきており、その意味でサイレントマジョリティになっている。

5 沖縄独立論

基地問題での閉塞感

これまでに見てきたとおり、普天間飛行場移設問題をめぐり、沖縄と本土との考え方の違いが浮き彫りになり、沖縄側の孤立感が深まってくるなかで、沖縄において独立論が一部で囁かれるようになっている。このことについて、革新系の大田昌秀元沖縄県知事は、次のように述べて今後の進展に注目する。

安保や基地に関する本土と沖縄の間の考え方のずれが強化されてきて、沖縄では、独立論がじわじわと増えてきた。かつての独立論は、ベストセラーとなった大山朝常元コザ市長の「沖縄独立宣言」以外は、殆ど相手にされないことが多かったが、今は知的階層の女性や若い学者が独立を唱えるようになっている。松島泰勝龍谷大学教授が、「琉球独立への道」という本を書いたし、松島教授や桃原一彦沖縄国際大学准教授などが琉球民族独立総合研究学会を作った。これまでの独立論は、政治家連中が言っていたが、この政治家連中は、アメリカを庇護者として独立したいといっていたので、そんな馬鹿な話があるかといって、我々の世代はすぐに拒否した。一般的にも独立論に忌避感をもっている人たちがおり、本土にいる沖縄出身の学者たちも、沖縄が日本から離れることに忌避感を持っている。本土にいる人たちは現場を知らないから、他人事みたいに考えてしまって、日本から離れるというのに対して、暴論だなどと言う。ところが、ここにいる人たちというのは、そうではなくて、現場を知っているから、独立というと、経済的に成り立つかどうかということを心配する。しかし、今独立論を唱えている松島教授にしても、桃原准教授にしても、経済学者だ。小さな島に住んだりしてよく研究している。だからこれがじわじわと知的な階層に広がってきているが、こんなことは初めてのケースだ。これが今年の知事選挙から来年にかけてどういう展開を見せるかは、一番重要な注目すべき現象だと思う。

ただし、大田知事自身としては、「今、独立論について膨大な資料を集め、それを整理している段階で、まだ結論は出していない」との立場だ。

一方、同じく革新系の伊波洋一元宜野湾市長は、琉球民族独立総合研究学会については一定の留保を付けつつ、独立への期待を表明する。

琉球民族独立総合研究学会なるものが設立されたが、ちょっと違和感がある。どうしてかと言えば、地縁ではなく血縁だからだ。つまり琉球の血が混じっていないと駄目だという立場を取っているからだ。

追い詰められた感というか、本土から追い詰められているという感覚が強く、だから独立しかないという発想のなかで動き出しているような感じがする。沖縄には琉球の血を持つ、沖縄に根を持つ人たちだけが住んでいるわけではなく、いろいろな人たちが住んでいる。ふつう独立国家が作られるときは、血縁集団だけではなく、そこに住む人たちが主体となるのであって、国連などでも人民の自決権というときはそういうことを意味するものだ。血縁に拘るのは、それを狭めることになる。

それと異なり、島袋純琉球大学教授の提起している、「すべての人民は、自決の権利を有する」との国連決議に基づいて、地域のことは地域で決めることができるという自己決定権や自治権の考え方には、注目している。かれは、沖縄振興特別措置法のもとで、補助金漬けの行政が横行していることが沖縄の主体性を失くしているとして、沖縄振興体制からの脱却を主張している。前回の知事選では、私は知事候補として、この考え方を取り入れ、沖縄振興計画について、沖縄振興特別措置法では日本政府の計画として作られていたものを沖縄の計画に取り戻すということを訴えた。それは今の一括交付金制度を含めて実現している。島袋純さんは、沖縄は日本政府の中においても、沖縄としての意思決定ができるのだと強く主張している。私も、そういうことが定着するといいと考えている。擬似的独立というか、自立的地域主義というものに惹かれる。これを実体化したいし、沖縄ならできると思う。中国、アメリカ、日本の関係のなかで、沖縄という地域が外交の場としての役割を果たすことができるような感じがする。

以前は、私は独立否定派だったが、今は、シンガポールのようになってもいいと思う。シンガポールは、イギリスが引き上げた後、マレーシアに帰属したかった。しかしマレーシアはマレー人の比率が高かったのに対し、シンガポールはそうでなかったので、マレーシアから拒否されてしまった。そこで連邦を作ったが、これもうまくいかなくなって、自分たちで独立国を作ったという経緯がある。沖縄は、位置的には中国に相対しているという意味で、シンガポールよりはるかに有利ではないかと思う。だから、ある時期には独立もイエスという考え方でいくべきではないかという気が今はしている。

ただ、今は独立は簡単ではない。しかし、独立したいと思う時期が来るかもしれない。たとえば憲法が改正されるときだ。ヤマトが今の安倍政権のように立憲主義を否定し、新しい憲法体制に移ったときに、我々が今の日本国憲法の精神を受け継ごうとすれば、その時に沖縄は自分たちの国を作れる、そして日本国憲法の平和主義や人権の尊重は沖縄が引き受けるということだ。夢物語のようだが、できないことではない。

中央集権・権威への反発

こうした独立論の背景には、基地問題に関する閉塞感のほか、日本の中央集権システムに対する反発がある。稲嶺進名護市長は次のように言う。

本当の独立とか新しい国とかを言っている人には反ヤマト感情が強いのではないか。日の丸が嫌いだとか、国歌が嫌いだとか、なぜそれに対してアレルギー的な反応をする人々がいるかというと、中央集権というものに対する反発があると思う。日本復帰するまで、沖縄の政党はすべて土着政党だった。そこには保守系の人たちもいたが、それも土着政党だった。それが日本復帰して、自民党や社会党や共産党などに吸収され、沖縄社会大衆党だけが土着政党として残っている。こういうものまで中央集権化され、中央に引き上げられていくものだから、結局、中央の統制の下に置かれることになっていく。それこそ政治力学の話だ。

前出の伊波洋一元宜野湾市長は、権威への反発を挙げる。

沖縄とヤマトのアイデンティティの違いで一番大きいのは、権威の問題だと思う。ヤマト社会はある意味で権威主義的だ。親分が何かを言えば、後ろの方はみな従う。政党も国会も成り立たないはそのせいだ。国会議員が何百人いても、親分に従うだけだ。昨年十一月二十五日に、石破幹事長が自民党所属の沖縄選出国会議員五名を呼びつけ、記者会見で自分の後ろに座らせて、かれらも納得して辺野古移設を容認したと、平気で、何も感じずに言えているという世界は、沖縄から見ると、これほど屈辱的なことはない。沖縄県民にとっては、その光景は一〇〇年経っても忘れないという気持ちなのに、石破氏にはそれが分かっていない。

独立より自立

ところで革新側にも、独立に積極的な意見がある一方で、独立よりもまずは自立を図るべしとの現実的な意見もある。

大田県政において副知事を務め、二〇〇二年の沖縄県知事選挙に稲嶺恵一候補の対抗馬として革新勢力の一部に推され立候補したこともある吉元政矩氏は、次のように述べる。

沖縄は琉球だ。自立、独立が基本だ。しかし実際に独立というところまでは行かない。絵に描いた餅だから。自立しよう、道州制の流れを活用しよう、その中で単独州を目指すということだ。日本のなかの沖縄として、その中で沖縄の独自性を発揮するが、枠組みとしての日本には留まり、日本人であるということは保持する。だから、独立は目指さない。むしろ、沖縄は自立した経済圏として、日本国憲法と地方自治制度のもとで、特別区を作る、今議論されている道州制のもとで単独州を目指す、ということだ。その考え方は、副知事時代から基本的に変わっていない。

今の東アジアの政治構造は、琉球王国時代と同じではない。経済のグローバル化の時代に、独立などという話ができるだろうか。琉球民族独立総合研究学会ができたが、県民の世論調査では一二%程度の支持しかない。ただ私は、学会自体は沖縄が自立するためのヒントになるから、いいことだと思っている。おおいに研究してくれるといい。

稲嶺進名護市長も、まずは一国二制度的なものの実現を目指すとの立場だ。

独立論というところまでいくのかということについては、私は判断できないが、アジアに向けてのゲートウェイという地理的特性を活かし、そこに独立国として沖縄があったとしたら、それはすごく大きな可能性を持っていると思う。

私はこういうところに生活していて、国家というものをよくイメージできないのでよく言えないのだが、経済的な優位性を活用していくというのであれば、十分大きな可能性を持っていると思う。

今はいろんな法律のなかで、たがをはめられて、自由が利かない。しかもそれは全国一律のもので、法律は沖縄でも北海道でも同じであるわけだが、長い日本列島をひとくくりで見るのは無理があるだろうし、そういう意味では沖縄の可能性はあるのではないかと思う。独立というより、まずは一国二制度的なものができるのであれば大きな可能性が出てくるのではないか。

懐疑論

一方、保守層には、独立論には冷淡な傾向が強い。下地幹郎元衆議院議員は次のように独立論を戒める。

独立や自立という時には、人が生きるための基準を考えなければならない。独立や自立を言う前に、これだけはやっておこうというもの、段階がある。今の沖縄は、それにまったく達していない。しかし、軽々に独立論を言う人は、その段階を飛び越えて議論していることが多い。貧困率は二九％、幼児虐待の相談件数一〇年で二五倍、全国学力テストの正答率は全都道府県の四七番目、県債残高は六、八〇〇億円、県内総生産はずっと三兆六千億円程度、失業率は七％、沖縄で売り上げの一〇％を県外に頼っている企業はゼロに等しい。こういう数字を見て、独立を言うというのは、無責任なのではないか。これを変えよう、先ず本土の平均水準以上にして、その次に、政府からの支援がなくても、自立して高い指数が出せるようにする、その上で独立というのなら分かるけど、そうした努力もしないで、いきなり独立だというのは、子どもが勉強もせずに一〇〇点を取ると言っているのと同じだ。独立などということは、軽々には口にせず、現実的に物事を見て言わないといけない。私も琉球政府ができればいいと思っているが、それまでの過程を考えないような人たちとは、同じ思想ではない。

独立論を唱える人たちは、往々にして、基地反対運動に基本を置いている。しかし人は生きて食っていかないといけないし、そのためには経済や教育や、その他たくさん課題がある。それを論じないで、独立の原点は基地問題だけだとすると、そこはちょっと違うと思う。

前出の保守系の首長も、次のように独立論には懐疑的だ。

　私は日本人だし、そのつもりでこれまでもやってきているから、独立論者が何をもって独立したいと言っているのか分からない。私個人としては独立する必要はないと思う。ものごとには、理由が必要だ。そこにはしっかりしたコンセンサスとテーマがなければいけない。そこに私には馴染めないというか理解に苦しむところがある。逆に言えば、もう少し今やるべきことがあるのではないかということだ。独立しようということであれば、沖縄県民の暮らしや今の生活水準を担保しながら、未来にわたって繁栄していくかということをしっかり考えなくてはならないだろうし、過去の歴史の中で立ち位置がどうであったかを踏まえながらも、今やるべきことをしっかりやったほうがいいと思う。私は基本的には日本人であることに変わりはない。

稲嶺惠一前沖縄県知事は、次のように断言する。

若い人たちの間に独立論はあるが、必ずしも強烈なものではない。なぜかと言えば、昔の独立論には琉球という意識が基本にあった。琉球というものがあるがゆえの独立論だった。それに対して今の独立論は琉球ではない。ある程度それが根底にはあるが、それより、基地が沖縄だけに押し付けられているという一種の差別があるから、それに対して反発し抵抗しているということだ。何が何でも、血を流してでも独立を勝ち取ろうというようなものではなく、それなら我々は独立するぞと言ってごねているという程度のことであって、どっちかというと甘い夢だ。

高良倉吉沖縄県副知事は、独立論とともに広がりつつあるアイデンティティ論について、次のように分析する。

復帰後四〇年以上にわたる具体的なウチナーとヤマトとの交流の積み重ねをしてきたヤマトとウチナーの人たちが、排外的なナショナリズムの一歩手前のようなアイデンティティ論が跋扈することを許さないだろう。沖縄の誇りは大事だ。しかしそれはヤマトの人たちに丁寧に説明すれば分かってもらえるし、理解者はいくらでもいる。ヤマトの人間のなかには、職業的な活動家や、古典的な「安保・基地」について先鋭化したような人などもいるかもしれないが、生活者としての沖縄県民は、もっと日本人と同じで、日本国民としてのアイデンティティをもっているし、しかし同時にウチナーンチュとしての誇りも失わない人たちであり、それを支える文化もあるし、発信もしている。そういう存在として、国民レベルと県民レベルの両方を合わせた形で積み重ねられてきた交流ひとつひとつの蓄積が素地としてあるということが大事なのだと思う。

だから、一部の知識人の中で、先住民族として国連に訴えてみたりとか、独立の学会を立ち上げてみたりとかの動きがあるが、かれらは構造的差別を訴えている人たちからも浮いており、一大運動になって様々な知識人たちを糾合するようにもなっていない。打ち上げ花火的な動きに止まっており、共感や理解が広がっていない。

琉球民族独立総合研究学会については、ウチナーとヤマトとの交流が現実に相当進んでいるということを考えると、非常に違和感がある。しかも学会の会員資格は、いわゆる琉球民族、琉球人に限定されるという。何をもって琉球人、琉球民族というかの定義も曖昧だ。沖縄には先住民族だけではなく、いろんな人たちが来て生活者として居住している。そうした沖縄のことを考えると、問題の取り上げ方、組み立て方も立体的に変わり、問題を捉える幅も広がる。そのことを本当に考えるべきところにきているのではないか。

6 ウチナーとヤマト

ヤマトンチュになりきれないウチナーンチュ？

前章で見たように、基地問題での閉塞感から自立や独立を志向しようという考え方が革新系に強い一方、保守系は、本土と一体化しながら沖縄の経済社会の発展を図り、実質的な自立を図っていこうという傾向が強い。そこで、基地問題という政治を重視する立場か、それとも経済を重視する立場かという構図は、ウチナー志向派（自立・独立路線）かヤマト受容派（本土との協調路線）かという構図と重なる。前者は後者を、ヤマトへの迎合とみなし、事大主義と批判する。

このウチナーとヤマトとの関係性は、沖縄の人々の心の中で、複雑で微妙な綾を織り成す。一九七八年から一九九〇年まで三期、沖縄県知事を務めた西銘順治氏は、「いくらヤマトンチュになろうと思っても、なりきれないというウチナーンチュとしての特色がある」との名言を残しているが、この言葉は今も、ウチナーンチュのアイデンティティの特殊性と、沖縄の日本への帰属意識の複雑さを物語る言葉として語り継がれている。

この言葉は今も当て嵌まるのだろうか。ウチナーンチュのアイデンティティをヤマトとの関係においてどう認識したらいいのだろうか。

この問いに対し、稲嶺惠一前知事は、次のように答える。

それは大変難しい。西銘順治元沖縄県知事のその言葉は、あの時代だから、すとんと受け入れられた。今の若い人たちは、この老いぼれは何を言っているのだろうという捉え方をしていると思う。世代層によって受け取り方が違う。琉球処分後の沖縄県、戦争、米国統治、復帰以降という歴史の中で、どのあたりに関わりをもったか、意識を強くもっているかによって、まったく別人のごとく考え方が違う。だから一概には言えない。非常に複雑だ。

今の若い人は、自分から自分は沖縄だと言う。昔の人は聞かれない限り言わなかった。言うと疎外されたから、隠す人もいたし、やむを得ず言う人もいた。今は聞かれないうちに言う。そうすると、かっこいいねとか、私も行きたいとか言われる。それくらい、沖縄のイメージがよくなった。若い人は政治問題や基地問題には関心がなく、テレビなどでは、青い空と青い海、琉球料理、タレントやゴルファーなどかっこいい連中しか出てこないから、なりたくてなれないではなく、日本国の沖縄県人だということに誇りをもっている。そこが、過去には琉球国であった沖縄県人という意識の古い人とはまったく違っている。

日本人という意識

西銘元知事の言葉が若い世代に当て嵌まらなくなったという点については、その若い世代に属する自民党所属の国会議員も同調する。

「いくらヤマトンチュになろうと思っても、なりきれない」かといえば、自分は、日本人になろうという感じよりは、ウチナーンチュとしての誇りは持ちつつ、日本人だという意識だ。だから、私の子どもの世代や二十代、三十代にしてみると、もっと普通に日本人という意識だろう。ウチナーンチュの誇りも大事だが、基本的に日本人だ、日本という国はこんなに素晴しい国だというバランス感覚は普通にあると思う。

私は沖縄各地を回り、私なりに沖縄の方言も聞いてきているが、絶対にこれは日本語だ。日琉同祖論とまでは言わないが、沖縄の人たちは、琉球王国は地理的に離れていたから特殊ではあったが、薩摩藩や肥後藩と同じような、一つの藩みたいなものという意識だ。だから、我々は日本人だ。そしてこんなにいい国はないと考えている。

日本人であることとウチナーンチュであることが矛盾なく両立するとの考え方は、前出の保守系の首長も共有する。

私は日本人だと思っている。日本人としての誇りを持ちたい。ただ、歴史的背景のなかで、ウチナーンチュとしての文化、伝統には独特のものがある。だからと言って日本人ではないということは言えない。そこはそれとして、お互いの歴史、私ども沖縄の歴史もしっかりと尊重する。そこをいきなり国と国との対立構造のような話になると、逆に違和感が出てくる。文化というものは、そこここの土地にそれぞれのものがある。例えば北海道のアイヌでもそうだろう。そのなかで、我々は今の時代のなかで日本人ではないということになってくると、本質が見えてこなくなるのではないかと思う。

沖縄と日本との関係性について、琉球大学名誉教授で、琉球史を専門とする歴史学の泰斗でもある高良倉吉沖縄県副知事は、沖縄学の父と称される伊波普猷を例に挙げ、次のように解説する。

沖縄の日本化プロセスのなかで成長した伊波普猷の最大のテーマは、沖縄県は日本に侵略されて作られた植民地なのか、そうではないのかという問題であった。そして、そこに住む人間たちのアイデンティティをどう説明するのかということであった。それに対しかれが出した答えは、文化的ルーツが同じだということで、そのことをかれは近代言語学から明快に証明した。簡単に言うと、沖縄は文化的、人種的に、日本とルーツが同じで、その後の歴史を経て、亜種あるいは変種になったと結論付けている。それがやがて本来属すべき文化的共同体に合一化したのであって、したがって琉球処分以降の沖縄県は、植民地状態ではないし、琉球処分は侵略行為でも植民地化の行為でもなかった、我々は属すべき国家、文化共同体の一員になったのだ、と書いている。ただ、そのことと同じくらい大事なことは、それでも沖縄の、ヤマトと比べて持っている独自性は、堅持しなければならないということも同時に強調していることだ。

そうしたテーゼは今も変わっていない。それは今の沖縄県民のコンセンサスになっていると言える。その論理を構築したのは、伊波普猷だ。かれの時代にはしばしば葛藤もあったが、日本社会の一員としての沖縄、その中で独自のアイデンティティを持つ沖縄、その二つは矛盾しない、という形で、アイデンティティに関する沖縄の位置付けを伊波普猷は明快に提示した。そして、かれは尊敬された学者であったので、影響力ももった。

そのことが戦後すぐに試される、米軍統治が始まった。そのとき、伊波普猷とその弟子たちが提唱してきたことが祖国復帰運動という形で顕在化した。そして復帰が実現し、四〇年以上経った今、問われているのは何かというと、基地負担をめぐる不公平という問題だ。その問題が、太字になり、ゴチック体になって問われ始めているということだ。

本土との交流の効果

沖縄の本土復帰後、沖縄と本土との交流は飛躍的に拡大した。それがもたらした効果について、高良副知事は次のように評価する。

ウチナーとヤマトとの間では、復帰後格段に交流が進んできたと思う。それは抽象的な意味での交流ではない。観光で多くの人々が沖縄を訪れるようになり、泊まって食べたり飲んだり、離島まで足を伸ばしたりする。リピーターも多い。それから仕事で本土から沖縄に来る人も増えている。琉球大学でも、今や他府県からの学生が四割以上を占める。修学旅行でもかなりの数の人が来ている。そうした人々は、米軍基地のフェンスも目にすることになる。

逆に沖縄からも、勉学や仕事で本土に行く人は多い。しかも東京のみでなく各地に行っている。ナマの住民同士、生活者同士の交流も結構進んでいる。実際嫁いだり、嫁をもらったりということは相当進んでいる。そうしたことを通じ、具体的な人脈が構築され、人的な付き合いが増えている。要するに、抽象的な沖縄ではなく、具体的な沖縄に触れるということが、復帰後四二年の間に格段に進行してきたということだ。

　問題は、これほど交流が進行しながら、なぜ理解が進まないのかということだ。いや、理解は進んでいるのだが、それが形になって顕在化していないということかもしれない。一時期、いわゆる沖縄ブームの時代があった。ポップカルチャー的な沖縄の文化がもてはやされ、その傾向は今もまだ続いている。しかし、それは沖縄のリアルのものというより、ポップカルチャー的なものに対する関心である。そういう意味で、本土の人たちの沖縄に対する理解は、見聞の世界では相当広がってきており、これだけの蓄積を毎年毎年積み重ねてきながら、ヤマトとウチナーとの間でギャップが広がっているという状況が、なぜ生まれてきているのか、ここがポイントだと思う。

　それはたぶん沖縄側の情報発信の仕方にも問題があるのだろう。どの店のステーキがおいしいかとか、どの海がダイビングで潜るときれいかとか、具体的な話題を持っている人が多くいる一方、そうした知識と、沖縄側が問うている沖縄問題に対する理解、沖縄側が求める認識との間にギャップがある。

　本当は沖縄問題に対する理解がもう少し広がっているはずなのに、我々が十分フォローしきれていないということかもしれない。普通の旅行者や仕事や修学旅行で来た人の持っている沖縄の理解、印象を十分に理解するためのリサーチだとか、ストックの大事さというものを、本当に問う言葉をまだ我々は持てていない。

その一方でメディアも、沖縄問題、沖縄基地問題については、まだ伝統的な言説でしか捉えようとしていない。例えば本土の中央紙が沖縄の特集を書くと、まだまだ沖縄を本土の人はよく理解していない、沖縄の思いは日本全土に届いていない、と書く。それはその通りなのだが、ステレオタイプだという面が依然としてある。

名護の市長選挙で稲嶺さんが勝ったということについても、あれほど厳しい状況のなかで、末松さんが四割強の票を取ったことを見て私は不思議に思った。沖縄問題、沖縄基地問題をめぐる言説、ウチナーとヤマトとの間で現実に進んできた幅広い交流という状況と、問題の設定の仕方との間に乖離があるような気がする。その乖離を何と見るかということが、現在だけの問題としてだけでなく、これからの問題としても大事だと思う。

例えば、普通に沖縄に観光に行った人は、ＮＨＫからマイクを向けられたわけでもないし、朝日新聞の街頭インタビューに応じたわけでもない。沖縄によく行き、沖縄をよく知っていて、友達もいて、盆暮れの付け届けもお互いにやり合う、そういうことが広がっているにも拘わらず、知識人たちはヤマトとウチナーとの間にまだまだ溝があるというふうに問題を立てる。それは立てようと思えば立てられるのだが、それで現実の実態をカバーできていないというところに問題があると私はずっと感じている。

事大主義

一方、本土との一体性を肯定する姿勢は、下手をするとヤマトへの迎合につながり、伊波普猷も戒めているように、事大主義に陥りかねない。今の仲井眞県政の政府との協調路線も「事大主義の典型」(大田昌秀元沖縄県知事)として批判される。

これに対し、保守側の反発もある。稲嶺惠一前沖縄県知事は、次のように述べて、事大主義批判を批判する。

事大主義という捉え方をしたがるのは、どちらかといえば左の人だ。何十年来変わらず、いつも同じ形、パターンに押し込もうとする。そうして批判することは得意だが、それでは逆に、どうすればよくなるかという建設的な提言はまったくない。批判は簡単だが、それではどうするかだ。そこに問題がある。
どうすれば批判の精神を、前向きの建設的な精神の流れに切り替えられるのか。大学院大学や、全日空のハブ空港構想など、具体的なものを前向きに展開していき、実際の成果に結びつけることによって、意識を変えていくことが重要だ。抽象論や、言葉の遊びをしているだけではなかなか変わらない。目で見せて、その中に参加させて、そうして意識を変えていくということによってしか改革はできないと思う。未来志向のないところはだめだ。批判をいくらやっても、学者に終わるだけだ。

また前出の保守系首長は、沖縄の事大主義について、次のように言う。

一昔前にはそういうものもあったが、もう復帰後四十年以上も経った。今まで東京ばかりに目線がいっていたが、最近沖縄の地政学的なもの、優位性というものが叫ばれるようになっている。そこで沖縄のアイデンティティとしての可能性を追求することは必要だと思うので、長いものには巻かれろというより、自らのアイデンティティを掘り起こす作業をしたほうがいいだろう。長いものに巻かれるというような、なにかに媚びるということではなく、主体的に自らの道を選択していくというほうがいいし、それを強く持ったほうがいいと思う。そこに基地というものが絡んでくると変なことになってくるので、自分たちの立ち位置の中で自分たちで可能性を掘り起こしていくことが必要だ。自分たちの努力指数としてそういったものをもったほうがいい。もっと磨いたほうがいい。ティンサグの花の歌にいうように、宝玉は磨かなければ駄目だ。昔の琉球の人たちの話をしながら、若い人たちにそうした可能性を持たせてあげたい。

沖縄の主体性

こうして沖縄の主体性を主張しようという姿勢は、同じく保守系の下地幹郎元衆議院議員にも共通する。

私は、根本的に沖縄の人は日本人ではないと思う。ウチナーンチュだ。だから、その分違う政策があるべきだし、道州制でも沖縄は単独州であるべきだ。琉球政府があってもいいいし、最終的にはアメリカ合衆国における州のようなものになるのもいいと思う。しかし、今の政治は中央追随型なので、琉球政府を作りきれない。政治に弱さがある。

そこで沖縄のアイデンティティといえば、私のように、中央政府にはっきりとモノが言えないと、アイデンティティは成り立たない。違うものは違うと言う、追随型ではないということが一番大事なことだ。

しかし、そうした沖縄の声を日本全国に広げていくことは、口で言うほど簡単ではない。稲嶺惠一前沖縄県知事は、次のように語る。

沖縄は、日本全体の人口のなかでは一％のマイノリティに過ぎない。この一％の意見を大きく広げていくためには、いろいろと他の要因が必要だ。

これまで、一％分以上に大事にされた時期もあった。それがいつかと言えば、戦後二七年間、日本から切り離されていたときだ。一例を挙げると、甲子園で昭和四三年に興南高校がベスト４に入ったことがある。あの時は甲子園の球場全体が興南高校を応援した。そうした応援の後押しを受けて、ある意味では実力以上に勝ちまくって準決勝まで進んだ。このころは本土と隔離されていた沖縄に対する同情論があった。

それ以前の時期はどうかといえば、むしろ差別論だった。今の若い人は知らないが、日本人の根底には、朝鮮人、台湾人に対してと同様に、琉球人に対する差別意識があった。それを端的に示すのは、世界の日系人社会において、ウチナーンチュ社会が別途しっかりした形で存在していることだ。移民先で日本人社会に受け入れてもらえなかったウチナーンチュは、ウチナーンチュ社会という別の社会を作らざるを得なかったのだ。沖縄方言しか喋れない人と日本人とでは話ができなかったのだろう。そういうことが過去にはあった。

それが、戦後沖縄が分離されたことによって、沖縄に対する同情論に変わっていった。戦争のときの沖縄の悲惨な状況や、戦後の二七年間の異民族による統治をよく知っている世代層が沖縄に同情を寄せ、それにつれて沖縄シンパがぐっと増えていった。

私が知事としてラッキーだったのは、その世代が政治の表舞台に立っていたからだ。山中貞則先生をはじめ、橋本首相、梶山官房長官、小渕首相、野中官房長官など、みなさんが心情的に沖縄に思いを寄せてくれていた。そうした沖縄に同情的な世代が今やいなくなってしまったことが大きい。

そうすると、戦前のときの差別ほど強烈ではないが、一％のマイノリティとしてしか見られなくなるというわけだ。そして、そのことに対して沖縄側が騒げば騒ぐほど、本土の人々のヘイト感情を掻き立てる。昨年沖縄からの陳情団が東京でデモ行進をした際に、沿道の心ない人たちから、琉球人出て行けという罵声を浴びせられた。かつての人種差別がいったんは消えて、同情論に代わったが、また新たなヘイト感情が蘇りつつあるのかもしれない。

人はどうしても自分の住んでいるところを中心に考える。そうすると、原発問題もそうだが、マジョリティが住んでいるところがどうしても中心になる。それは、合理的に考えれば当然そうなるし、また大事なことだし、簡単なことでもある。しかし、それとともに、弱いものに対する感情が段々薄れてきているのではないか。民主主義の原点は多数決、つまり票をたくさん取ることだから、政治的にマジョリティは大事にされるが、マイノリティは軽視される。だからといって一種の抵抗運動、反抗運動をやれば、ヘイト感情に火をつけることになる。

民族としては少数派であるユダヤ人が、アメリカ社会や世界のなかで大きな影響力や政治力を持っていることや、最近の韓国勢の東海や慰安婦問題での攻勢を見ていると、ロビー活動の重要性を痛感する。沖縄も、政府とアメリカに対して一生懸命やるだけでなく、一種のロビー対策的なものが必要ではないか。今のところ沖縄は、もらうものはもらうが、それだけ中央で発言できる政治力もないし、政治家もいない。一方、資金を出しているわけでもない。この意味での難しさはある。

7 新たな安保闘争か

次に、沖縄の人々の日米安保体制に対する考え方を検証してみよう。沖縄の人々にとって日米安保とは何なのか。基地反対、イコール、安保反対なのか。オール沖縄の異議申し立ては、新たな安保闘争なのか。

かつて自民党に所属していた下地幹郎元衆議院議員は、政府がそういう見立てをしていると読む。

政府は、中国、北朝鮮、米軍基地という関係性のなかで、イデオロギー的なものが、恐ろしい分岐点を沖縄から作ってしまうのではないか、ここで左が勝つことが、日本全国にイデオロギーを広めてしまうのではないかと恐れている。広める発火点となり得るのは、全国のなかで沖縄だけだ。しかも、日本で右翼的な動きが強くなるという危機感もあるから、沖縄が発火点とならないよう、ここで押さえ込んでおかなければいけないと考えている。

日米安保反対か？

実際はどうなのだろうか。山内徳信元参議院議員（社会民主党）は、米軍基地を抱えていた読谷村で村長を二四年近く務めた経験を踏まえ、次のように説く。

私は、日米安保体制については、戦後の日本で五十年、六十年続いてきて、またこれから七十年、八十年と続く、実体として分かるとよく言う。読谷村長としては、日米安保反対とは真正面から言わなかった。言わないが、基地を取り戻すという努力をしたことは、結果的に日米安保条約には沿わないことだった。しかし、それは読谷村民の生命や財産を守ることにつながると思ったからだ。一村長が、日米安保条約反対とか破棄とかを言ったら、村民ぐるみのスクラムが組めなくなる。

日本全体としては、日米安保条約に対し容認する側と容認しない側があって、それが国内の対立の構図になって、深い溝にもなっていたと思う。ところが、読谷の村長は、一政党の次元ではないと常に自分に言い聞かせてきた。だから私はオール読谷で、村民ぐるみという言葉をずっと使ってきた。もし村民ぐるみでなければ、復帰後の読谷の基地返還の実現は難しかっただろう。例えば、かつて村内にあった米軍不発弾処理場の撤去も、村長だけでなく村民も一緒になって、地域みんなで撤去を求める運動をやったからこそ実現できた。読谷だけでなく、沖縄全体としてもいっぱいいろいろな問題を抱えてきた。それが日米安保体制下の沖縄の現実の姿だ。

日米安保に関して、本土の人と沖縄の人との違いは、日米安保で守られていると考えているのは本土の人だけで、沖縄返還で日米安保体制に組み込まれた沖縄の人にとっては、米軍統治時代とは何も変わらず、事件事故が相変わらず起こっているということだ。

私にすれば、読谷飛行場の降下訓練というのは、正に戦場そのものだった。米軍は空から、人間だけでなく、ジープもトレーラーも降ろす。しかもそれが場外にも落ちてくる。農夫の後ろにドラム缶が二個括られてドスンと落ちてきたり、角材が民家の屋根を貫いて朝食の支度をしているテーブルの上に落ちてきたりする。そういうことが起きていたのは読谷だけではない。伊江島でもあった。

基地周辺の爆音も殺人的な爆音だ。Ｂ52やＢ24など大型機が降りてくると、立っていることができないほどで、鍬やショベルを持ったまま蹲らなければならないほどだった。石川の宮森小学校に米軍機が墜落し、生徒や住民に一二〇名ほどの死傷者が出たという痛ましい事故もあった。

沖縄の人にとっては、日米安保や地位協定でいろいろ言われていることが、復帰後も今日まで基本的に解決を見ないままだ。一部の返還された基地の跡地では、平和的で安心して豊かな生活ができるようになった。それが本物だ。

こういうふうに、日米安保に対する被害の度合いが違うから、認識も違う。本土の皆さんの生命財産が、日米安保によって、そしてアメリカが駐留することによって守られているとするならば、ここ沖縄でも、同じ日本人として、守られるべきであり、保証されるべきではないのか。そういうような気持ちが沖縄県民の間に次第に高まってきたということだ。

問題は地位協定

安保に関しては、基地の問題を一義的に考える点では、革新系を主な支持基盤とする稲嶺進名護市長も同じだ。

翁長那覇市長など安保を容認する保守の一部を含めて、オール沖縄での辺野古基地建設反対の統一行動を取るため、安保に対する姿勢の面でも歩み寄ることがあり得るのかとの問いに対し、稲嶺進名護市長は次のように答える。

翁長那覇市長も私もそこまでは踏み込まない。ただ、問題は地位協定だ。安保は安保としての役割はあっただろうと思う。ただ、その場合に、戦後六八年間のなかにあって、構造的差別というもので、知らぬうちに、あるいは力でもって押し込まれるということがこれまでずっと続いてきて、そういうなかで、諦め感というか、仕方がないというのが、一部にあったと思う。しかし必ずしも、そうでなかったのだということが、専門家や学者からも指摘されるようになってきた。実際にアメリカのサイドからも、いわゆる抑止力について沖縄の海兵隊の役割はごく一部に過ぎないとか、また森本敏元防衛大臣からも、なにも軍事的には沖縄でなくてもいいというような声が聞こえてきた。

これまで沖縄では、閉じ込められ、知らず知らずのうちに押し込められてきたことに対し、若い人たちは生まれてきたときから既にそこにあるわけだから、これは仕方のないことなのかな、というふうに受け止めてきたという面があったと思う。しかし、かれらも本当に沖縄の戦後史を勉強するならば、そんなふうにはならないと思う。単に、かれらは肝心なところはほとんど知らされずに、現象だけを見て、それを受け止めてきたということだろう。

そうして沖縄はこれまで苦渋の選択を何回もやってきたが、森本さんやアメリカの専門家などの指摘を受け、これからはもうなにも苦渋の選択などをする必要はないのではないか、我々はもっと声に出すべきではないか、あるいは出していいのだということがだんだん分かってきた。これはひとつには、県内マスコミの報道というものを通して県民が理解してきた、意識が高まってきたということだと思う。

その上で、新たな安保闘争なのかという問いに対しては、稲嶺進名護市長は次のように答える。

それもちゃんと伝えられていないからだと思う。安保に影響を受けるというのなら、その安保はなにかといえば、日本の国民と国土を守るということだ。しかしそのための基地の大半を沖縄に押し付けておいて、日本の国、国民を守る、こんな理不尽な話はないはずだ。しかも、今度の辺野古という話については、アメリカはなにも辺野古と言っているわけではない。日本政府が最初に持ち出し、その後もずっと辺野古移設というから、アメリカもじゃあ頑張りなさいという話をしているのであって、アメリカは必ずしも沖縄とは言っていない。それから戦後、本土から海兵隊が来たというのも、トータルとして必要だ、どこかに置かないといけないというなかで、その時沖縄はアメリカの占領下にあったから、たやすくここに持って来ることができた。

他の本土の地域でこういう問題が起こると、本土の人々は、安保を守るために自分たちの県で基地を受けようとするかといえば、自分の身が危ないのでそうはしない。

私は県外でインタビューを受けるときに、これは沖縄だけの問題ではありません、日本全国の問題です、だからこの状況を共有してください、ということを訴えるが、本土の人々は共有したくないようだ。だからマスコミも取り上げない。こういう日本人は平和ボケしているといえるのではないか。

基地の危険性

沖縄の米軍基地に対する忌避感について、普天間飛行場を抱える宜野湾市の市長を務めたことのある革新系の伊波洋一氏は次のように語る。

二〇〇六年に嘉手納基地にＰＡＣ３が配備されたことは、沖縄の基地が危険になったということを意味する。逆に今までなぜ沖縄に米軍がいたかというと、沖縄が安全だったからだ。だから家族も一緒にいた。それをアメリカは転換した。海兵隊の一部を家族も含めてグアムに移転させるということは、沖縄が危険であるということだ。当然嘉手納もそうだ。今まで戦争は沖縄の周辺ではなくて、ベトナムやイラク、中東で起こった。それがここへきて、明確に戦争する場所は南西諸島や日本列島という戦略がアメリカのなかで戦争計画として出来上がってきている。これまで少なかった日米共同演習が全国各地で行われるようになっている。それが沖縄や日本で戦争をする目的で行われているということを必ずしも沖縄の人たちは感じていないかもしれないが、身の回りで起きている訓練や、基地の強化というものが、戦争へのベクトルだということはだんだん感じてきている。

それを象徴しているのが、オスプレイの配備だ。このオスプレイは普天間にとどまらない。訓練コースが那覇や県南部までかかるようになった。伊江島でも飛行し、辺野古でも高江でも、北部訓練場でも、それでも足りなくて、日本本土にも、さらにフィリピン、韓国、オーストラリアにまでも行く。だからといってこちらでの飛行が減るかといえば、減らない。オスプレイという新型航空機は、配備機数は前の中型ヘリと同じでも、能力は三倍から四倍になった。森本元防衛大臣は、アメリカは辺野古基地で有事一〇〇機体制を考えていると言っていたが、そういう現実が起きている。

オスプレイ配備反対の県民大会でいくら反対しても、米軍は配備を強行し、那覇市の市街地の上空でも実際に飛ぶようになった。だから那覇でも反対の声が強まり、それを抑えきれなくなっている。

橋本政権やSACOの時は、できるだけ沖縄の話を聞いて、一緒にやっていける道を探ろうとする対話があった。しかし、民主党政権のときには、岡田外務大臣などは、もう辺野古以外はないとあっさり言い切るような感じで、話し合おうという気持ちもなかった。今の安倍政権でも同じようになっていて、これは決まっているので動かしようがないという立場に終始している。むしろアメリカの方が柔軟で、アーミテージなどいろいろな人たちが、沖縄がこれ以上抵抗したら困るから代案を考えるべきだという反応を示している。それに対し日本政府は、辺野古しかないという流れだ。日米の対応の違いを、沖縄の人は敏感に感じていると思う。それが、本土には見えていない。

日米安保体制への反発

このような基地への強い反発がベースにあって、問題の本質は日米安保体制そのものであるとして、安保に対して否定的な見解が革新側には根強い。そのことは、伊波洋一元宜野湾市長の次の言葉の中にも窺われる。

安倍政権が沖縄に対して強硬なのは、基本的にはアメリカに媚を売って、アメリカに従順であろうとしているからだと思う。だから、慰安婦問題や靖国問題さえなければ、安倍政権はアメリカにとって最良のパートナーだ。何でもアメリカの言うことを聞いてくれるし、軍事的役割を全部果たしてくれるから。そのもとで、日米間で、安保を安保たらしめようとする作業が、今沖縄で行われている。しかしそもそも、基地や安保が沖縄や日本を守っているということを認めないというのが沖縄の多くの人たちの立場であり、沖縄では安保を理由にして米軍基地が受け入れられる余地はあまりない。

同様の安保否定の見解は、大田昌秀元沖縄県知事の次の言葉の中にも窺われる。

　戦争を知らない世代の人が、自民党の幹事長になっている。かれが、自分の地元に基地を置こうともしないで安保が必要だというなら、今、沖縄を犠牲にして安保が成り立っているということはどう考えるのか。この間の県民大会のときに、市町村長たちが、今の段階では安保破棄とは言っていないが、次に何か起きれば、我々は安保破棄と言いますと宣言していた。だから私は、今年名護市長選挙には勝ったけれども、政府が名護市長の権限を取り上げて、新しい法律を作って、総理がサインすればすぐ着工できるようにしてやると、血を見る騒ぎが起こる、そうすると今度は、安保が破棄される、根底から崩れる可能性があるということを、この間、アメリカ大使館の公使に率直に言った。強制したら困るのは皆さんですよと。

脱・反安保？

一方、大田県政の下で副知事を務めた吉元政矩氏の見解は微妙に違う。沖縄保守の中にも県内移設拒否の考え方が広まってきたことを踏まえ、次のように言う。

沖縄から安保破棄の運動は今後はあり得ない。復帰前には、アメリカや日本の手先となって、沖縄県民と対決するグループが沖縄県民の中にいた。これが保守だ。復帰後は、自民党の支部になった。同じように、県内の政党はぜんぶ本土の政党の支部になった。そんな時代ではないだろうというのが、県民の声として出てきて、なにかひとつぐらい一緒になろうということで、普天間の県外移設でまとまった。

それは何かと言えば、本土と同じように扱えということだ。なぜ沖縄ばかりに米軍基地が集中しているのか。それさえ本土に持って行ってくれれば、安保はそのままでいい。そこまで我々は要求していない。普天間県外、イコール、海兵隊ゼロだ。

吉元元副知事は更に、米軍基地に代えて、自衛隊の基地を置けばよいとの見解を述べる。

沖縄が自立した経済圏を志向していく中で、これからアメリカとの関係は段々薄くなる。しかし、邪魔なものはどけ、ということだ。那覇空港になぜ陸海空三自衛隊がいるのか。本土では、米軍基地と自衛隊は一緒になっている。航空自衛隊は嘉手納に入ればよい。陸上自衛隊はキャンプ・ハンセン、キャンプ・シュワブに持っていけばよい。海上自衛隊はホワイト・ビーチに行けばよい。那覇軍港は使っていないのだから返してもらう。今、浦添に埠頭を作っているから。それをベースに東アジアの中の日本の南の空と海のカーゴの拠点を作る、というのが我々の構想で、それがやっと動き出しつつある。

米軍の整理縮小は時代の趨勢になっている。二〇〇五～六年の米軍再編のなかで、沖縄の基地の整理縮小が動いた。それを今の知事は早くやれと言っているだけで、それをやれば普天間の移設を認めると言っている。しかし、それと駆け引きしてはいけない。別々の話なのだから。

その意味で言えば、アメリカは本当に海兵隊を沖縄に置こうと思っているのかというと、思っていない。撤退する。実際、グアムに八千名移すと言っている。沖縄にいる海兵隊の定数は一万九千名とされているが、実数は一万四千名もいない。普天間の県外移設が実現すれば、海兵隊を運ぶ飛行機がなくなるということだから、兵員を沖縄においておく意味がなくなる。事実上海兵隊は沖縄から出ろということになる。それは日本政府も知っているから、そんなに簡単なものではないと言う。だけど、ここは日本だ、いつまで、米軍の中では削減の対象となっている海兵隊を沖縄に置いておくのか。自衛隊が入ればいい話だ。

沖縄県民は自衛隊による肩代わりを認める。かつてとは違う。県民の七〇%は自衛隊OKだ。同じ民族だから。それとアメリカの海兵隊とは違う。朝から晩まで、何されるか分からん奴がうろうろしている。用もないのに人の家の二階のベランダまで上がってきたりする。これは人権の問題以前の話だ。かれらも困っている。だから、出て行けといえば、すぐに出て行く。

米軍の再編の中で、陸軍が五年間で八万人カット、海兵隊は二万人カットだ。沖縄の海兵隊の実数一万四千は、削減対象の数字以下だ。

日米安保容認

以上で紹介した革新側の立場に対し、保守の側は基本的に日米安保容認の立場だ。例えば、基地所在自治体の保守系の首長は次のように言う。

政府には国民を守る義務があると思う。その中でしっかりした施策をとることも当然のことと思う。安全保障の体系をどうするかということは国が考えるべきことであって、今のご時勢では、日米安保が基軸であろう。

ただ、それを沖縄だけに押し付ければいいという話は乱暴すぎると言いたい。日米両政府が約束したものについては、約束を守ってほしい。安全保障上問題がないから返還されるということになっているはずだ。

メディアをみていて、私が違和感を覚えるのは、本土ではたとえニュースに取り上げられ、パッと花火は打ち上げられても、その後根付かないことだ。政治家もそうだ。安全保障という問題で、マニフェストにはいいことを書くけども、実際基地をどこかに誘致するということになると、その政治家は当選できなくなる。そこは国民の間でもう少し平たく議論し、しっかりと問題を認識して、日本という国の国家としてのベースをきちんと持ったほうがいいと思う。

すなわち、安保容認も、基地問題の解決が前提だということだ。この首長は、さらに次のように述べて、釘を刺す。

安全保障のために日米安保は必要であるというのが私の基本スタンスだ。首長就任以来、日米安保というのは安全保障上、大切なのだということを言っている。ただ、基地問題となると、その一番の根幹は普天間の問題だ。それは、日米安保という大きな枠組みのなかで約束したことを守るべきだということだ。沖縄の世論の中でいろんな意見があって、動きがいろいろ変わってくるのは事実だと思うが、この問題を解決するということを、知事としては最重要と考えるべきだ。なぜならば、基地問題については解決能力がないといけない。普天間にしても、キャンプ・キンザーにしても、一番の人口密集地である中部県域のなかで、千ヘクタールもの土地が返還される、これを実現してもらわないと困る。そこにある意味で沖縄の可能性やポテンシャルがあるのであって、それを無視してはなにもできないというのが私の個人的意見だ。こうした問題を解決する政治力、あるいは県民力というものが必要だろうし、そうあってほしいと願っている。

応分負担という言葉に私の考えはすべて集約されている。等しく国民が考え直すと言うとおかしいが、この問題は避けて通れない。沖縄問題というより、日本の安全保障、平和をどうするかということについて、議論の中で一定の方向性と結論を出してもらいたい。少なくとも、苦しんでいる沖縄の現状を理解し、沖縄の基地の問題は対岸の火事ではないという思いのなかで解決能力を持つということが本土の政治家に求められる。国民も、原発問題だけでなく、目に見えない、感じられないような安全保障という問題にも真摯に取り組み考えるべきだと思う。

県内でも、基地問題を左右という枠の中で考えてしまうと話がおかしくなる。日米安保は大切だけども、普天間の問題は、日米政府の間で返還しようということになっており、これについては左も右もない。すぐに結論的なことを求めるのではなく、もう少し知恵を絞って、考え方をまとめながら、問題を解決してくれということに尽きる。そこで、左ができなくて右ができる、あるいは右ができなくて左ができるという話になると、問題の解決がほど遠くなるだけだ。

特に自治体の長という立場からすると、右がよくて左は駄目、左はよくて右は駄目ということはできない。住民にはいろいろな思想信条の人がいるから。フラットのなかで、総体的に言えるのは、基地問題は解決しましょうということだ。そのためにはお互い力を合わせてやるとか、世論の構築をもう少し幅広くやるとか、ということが必要だと思う。

8 中国との関係

親中感情

沖縄の人々の日本との関係について微妙な面があることは既に見たとおりだが、中国との関係はどうなのだろうか。一八七九年の「琉球処分」以前は、薩摩藩の支配を受け入れる一方で、明や清に対しても朝貢するという、いわゆる日支両属という関係にあったことは、よく知られている。そうした歴史的関係や、文化的、民俗的な親近性から、沖縄においては一般的に親中感情が強いとされてきた。

そのことから、本土の一部では、沖縄が過度に中国寄りだとの懸念の声も聞かれる。また、為にする議論の中には、中国人を祖先に持つとされる沖縄の有力者の存在を揶揄する声も聞かれるが、その一人である稲嶺惠一前沖縄県知事は、そうした「次元の低い話」を一笑に付す。最近の中国の論調の一部に見られる、もともと沖縄は中国の一部だとの言説についても、下地幹郎前衆議院議員は、「中国は、本気でそんなことを信じているとは思わない。沖縄の人も、端から相手にしていない。一切そういうことは思っていない」と突き放す。また、前出の保守系の首長は、次のように言う。

我々は日本人であって、日本人のなかで中国に敏感だということに、そんなに違和感はない。だからといって、ウチナーンチュは中国人だというような話にはならないだろう。ただ、残念ながら、日本の沖縄が国境離島であるということは事実だと思う。そこが他の都道府県と違うところだ。それに対してセーフティネットというものは必要だ。そのことで、沖縄県と中国との個人的レベルでの交流が否定されるものでも肯定されるものでもないと思う。

稲嶺進名護市長も次のように語る。

歴史から言うと、大交易時代、進貢船の時代もあるが、今は社会の制度が違うから、資本主義のなかで生活してきた人と、社会主義のなかでやってきた人とは全然違う。そこに、中国寄りだとか、宥和的だとかいうのは、上辺だけの議論、言葉の遊びをやっているだけとしか思えない。沖縄の人が社会主義を好むということはまったくない。

逆に、日本人は歴史を勉強していない。そのことが今、対中関係の悪化という状況を起こしたのであって、沖縄が起こしたのではない。まず石原さんが尖閣を買おうという話から、国有化するということになり、それに対して中国が反応してきたのであって、それまではなにも問題はなかった。逆に、そういう現象だけをとらえて、だから沖縄に基地が必要なのだというふうにうまくすりかえているとしか我々には思えない。

国家的な立ち位置ということからすると、ひとつ言えるのは、日本の国が歴史をひっくり返すようなことをしなければ、こういう事態にはならなかっただろうということだ。なぜなら、これまでも尖閣問題は問題としてあるとかないとかも言わないでおこうとか、これまでもずっと棚上げでやってきたと言う政治家もいる。そういうことが続いてきたのに、日本のほうから挑発的な言葉や態度が出てきたから、対立的な状況が生じてきているのではないか。日本がそういうことをしなければ、中国もこれ以上のことはやらないと思う。

沖縄が中国に宥和的ということについては、人間としての親近感はあったとしても、制度として、国家としてということはない。

私は中国人としてのＤＮＡを持っているという意識はまったくない。私たちはやっぱりウチナーンチュだ。ただ、ウチナーンチュとして、歴史的に日本が外国に対してやってきたこと、南京虐殺だとか従軍慰安婦などの面で、日本政府の態度は高圧的に見える。だから中国の反応は、沖縄に対してではなく、日本政府のやり方に対して怒っているということだと思う。沖縄には、島津の侵攻や廃藩置県、琉球処分などを経て、抑圧されて鬱積した思いがウチナーンチュとしてある。そういう中では、なかなか日本人としてのＤＮＡには近づきがたい。以前西銘順治さんが、「沖縄の心とは」として、日本人になりたくてなりきれない心だと言ったことは的を射ていると思う。

保守の側にも、石原慎太郎元東京都知事が尖閣問題に火を点けたことに対し批判的な意見がある。下地幹郎前衆議院議員は次のように語る。

中国とはまず仲良くすることが大事だ。石原元東京都知事が尖閣を東京都で購入しようとしたことは、余計なお世話だ。そんなことをやらなくてもいいのに、ということをしてくれた。その前までは日中関係はうまくいっていた。

それぞれの国には歴史や考え方があって、お互いに違いがあることは分かっている。尖閣だって竹島だって同じだ。尖閣のことを言い出すと、それでは竹島ではどうだったのかという話になる。相手が基地を作るまで、どうして日本は黙っていたのか、何もしなかったのか、あの状況まで放置せず、戦争しておくべきだったのではないか、ということになりかねない。しかし、分かっているけれども黙っているというのも外交のうちだ。時の政治的判断のなかにもっと大きいものがあり、韓国とうまくやっていきたいという思いがあって、主張はするけれども外交は壊さないという、繊細な外交があったと思う。

中国とも一緒だと思う。繊細な外交関係を壊してしまっている。靖国参拝の問題でもそうだ。中国は、何年も前から、総理大臣と官房長官と外務大臣と防衛大臣が行かなければ、外交問題にはしないとはっきり言ってきたし、それをお互い確認し合いながらやってきた。尖閣については、所有権は日本にあり、そこにたまに漁船を行かせて出入りさせることはするけれども、それ以上のことはしない、ということで、ずっとやってきた。それを壊したのは日本だと思う。

そうして中国を怒らせておいて、だから中国は脅威だ、という発想は、我々から見ると、ちょっと違うと思う。与那国に自衛隊を置くのはいい。国境の島に自衛隊がいないほうがおかしいのだから。しかし、それと中国脅威論をごっちゃにして、防衛力や安保の強化だという考え方はおかしいと思う。中国を脅威にしなければ与那国に自衛隊を置けないとか、なにかができないとか、そんなことではないだろう。世界には、国境を挟んで銃を向け合っている国同士でも、外交的にうまくやっている国はたくさんある。だから私は、ネット右翼のような考え方には与しない。

沖縄はもっと中国とうまくやりたい。日本ができなければ、沖縄がやるべきではないかと思う。県知事などが中国との外交を盛んにやっていく。一番最前線の沖縄がやる、ということはあってしかるべきだと思う。例えば、中国の領事館を沖縄に置かせるなど、中国を奥深くまで組み込むことによって、抑止力を高めるという発想もあっていい。逆に、軍事力に軍事力で対抗するという発想の抑止力だけではどうかと思う。だから、安倍首相も、もう少し方法を選んだらいいのにと思う。

中国脅威論

中国脅威論に対しては、革新側において懐疑的な見方が強い。大田昌秀元沖縄県知事は次のように述べる。

中国の福建省と沖縄は非常にいい関係にある。台湾は福建省の出身者が多いから、台湾とも沖縄はいい関係にあった。

私は沖縄占領研究をずっとやってきたが、その中で一番印象深いことは、カイロ会談のときの会談内容だ。ルーズベルトが蒋介石に、琉球諸島を返すと言って、それに対して、蒋介石が、いや日米で共同管理しようという方向にもっていった。あの時は、スターリンも琉球諸島を返すことにつきルーズベルトに賛成していたので、もし蒋介石がぜひそうしてほしい、引き取ろうと言っていたら、今頃沖縄は中国領になっていたという瀬戸際だった。しかし、アメリカの中にも、その時点でルーズベルトがそう言ったことを批判する人々がいて、琉球が歴史的に中国と密接な関係があったといっても、それは形式的な冊封関係にすぎず、決して薩摩と琉球との関係のようなものではなかったので、沖縄を中国に返そうとするのはおかしな話だ、沖縄の人はそれを望んでいない、ということを言っている。

戦前の中国に対する日本の差別政策は極端で、ちゃんころという言葉がはやっていて、沖縄の人々もその影響を受けて、本土と同じように中国を差別したり、朝鮮を差別したりした。それに対する反省が教職員のなかにあるが、今の若い教師はそういう背景を知らない。そういう教師に教えられる高校生たちはなおさら知らない。大学でも、そういう詳しいことをやるかといえば、全然やらない。そういうアンバランスな教育制度があって、今日のような事態に陥っている。これを直すことはとても厳しいと見ている。だから、沖縄の若者を外国に出すことが、非常に大事だと言っている。

尖閣については、沖縄から見れば、中国の軍事力はそんなに脅威に値するものではない。つまり、南シナ海に出ていくという海軍力の強化というのは、軍事を考えると当然やるので、ただ中国の国内情勢はまだそんなに落ち着いた情勢ではないと見ている。

中国との間では文化交流や人的交流の積み重ねがあるので、一般的に沖縄の人々の中国に対する恐怖心はない。ただ今の若者の中には、自衛隊の宣撫工作により、中国が伸びてきたらどうするかなどという議論に乗せられている者もいる。

　中国脅威論はほとんどない。我々は扇動されているとしか見ていない。


吉元政矩元沖縄県知事も同意見だ。


　中国脅威論がいろいろ言われているが、いずれ中国共産党はなくなる。外国との交流や外国の情報の流入が進めば、かつてのソ連のように、統制が取れなくなって、今までのような体制は成り立たなくなる。そういう時代はいずれ終わって、中国は脅威ではなくなる。

　そうしたなかで日本は、尖閣など当面する課題については、マルチの国際的な仕組み、東南アジアやEUなども交えた多国間の枠組みのなかで、中国にモノを言わないといけない。中国は、それを聞かない国ではない。もしそれを中国が聞かなくなったら、国際社会も中国は異質だと見るようになるだろう。

　しかし、中国が攻めてくるとか、沖縄の離島に侵略してくるなどという議論は、右翼的なキャンペーンとして意図的に言われている面が強く、現実にはあり得ないと思う。

同じく、伊波洋一元宜野湾市長は次のように言う。

沖縄でも若い人たちのなかには、中国脅威論を説く人がいる。中国と戦うためには沖縄に基地が必要だという意見もある。しかし、沖縄は多くの人は中国に対して親和性をもってきた。その点では、日本本土と全然違う。アメリカがしきりに仕掛けている中国脅威論、中国が日本を攻撃してくるとか、中国が尖閣を取りに来るとかを本気で受け止めているのが安倍政権だと思う。でも、アメリカも本気ではそんなことを考えていないし、中国も考えていない。それなのに、日本ではアメリカの軍事関係者が、尖閣で戦争があるかのようなことばかり言っている。

中国の台頭を受け、アメリカや自衛隊の戦略は、日本の軍事的役割の強化、日米の軍事的一体化と日本本土の総基地化の方向を目指している。尖閣問題はその口実にされている。そうした中で沖縄に軍事的装備が集中されようとしており、その一つが辺野古だ。そこに沖縄県民はただならぬものを感じている。一方、日本国民は日本が戦場になるようなきな臭さをまったく感じていない。そこに我々はギャップを感じている。

日米中台湾の関係の接点に沖縄がある。そこで沖縄が果たせる役割は大きい。琉球処分までの五百年以上に亘る琉球王国と中国の各王朝との関係に相当するものを日本は持っていない。日本にとって中国はあくまでも警戒する国でしかなかった。一部学問や仏教の面で交流はあったにせよ、正式に互いに協力し合ったこともない。そういう意味で、沖縄が果たす役割がこれからの重要なポイントになると思う。

その沖縄を軍事化しようとしているわけだから、まさに真逆のことがなされようとしている。むしろ、沖縄の非軍事化、つまり沖縄の軍事力を希薄にしていくこと、その希薄さのなかから、日本も中国脅威論を吹き飛ばしていくという流れが大事だと思う。

中台が手を組めば終わりだ。アメリカも引かざるを得なくなる。今のところ、民進党など独立派の動きは消えていないし、中台が簡単に歩み寄りそうな気配はないが、中国が香港並みないしそれ以上の条件を出せば、どうなるか分からない。そういうなかで、日本で蠢いている中国脅威論、そして中国や韓国をバッシングすれば日本国内では人気が出るというような雰囲気の流れ、それは日本にとって最悪のことだと思う。その流れを変えるターニングポイントの役割を沖縄が担えるのではないか。

翁長那覇市長が主張している沖縄のアイデンティティというのは、そういう沖縄の歴史を大事にしようということだ。那覇市は福州市と、浦添市は泉州市と、宜野湾市はアモイ市と姉妹都市、沖縄県は福建省と姉妹県の関係にある。沖縄が民間自治体外交を、福建省や台湾、中国との間で推進しても不思議ではない時代に入っている。それは翁長さんのアイデンティティ論と通じるところがある。

それなのに、今の日本は中国と軍事的に対抗する状況に陥っている。政府の客観的な経済成長推計によると、GDPで日本は中国の一〇分の一の国になろうとしているのに、逆に相手の一〇倍の力があるような発想で、強がりを言っているところに、ギャップがある。アメリカもそれは感じていると思う。

中国脅威論はアメリカが煽っていることだ。アーミテージ・レポートにも表れているように、軍産複合体としてのアメリカは、属国化した日本をどうとでも使える、自分たちがいいようにコントロールできるという思い上がりがあり、日本にもアメリカに追従する政治家しかいない。日本の政治家をどこかで目覚めさせなければならない。

巷では、中国は分裂するとか、今のままは続かないとか、中国に批判的な情報が溢れている。しかし、中国が成長していけば、その現実は目に見えてくるはずだから、いずれ時間が解決することだろうと思う。

そのことに気付かないままでは、結果的にはアメリカから様々な軍事装備を買わされるだけで、最終的に日本は孤立していく流れになるのではないか。韓国との関係も悪化しているし、慰安婦問題での検証を求めるような動きも、結局は日本の孤立を深めるだけだと思う。アメリカもいずれ日本を見限る時がくるのではないか。アメリカと中国との間でいいパートナーシップができて、この辺で線を引こうとなったときに、アメリカの側に日本が入っていないということが起こりえるのではないか。

更に、山内徳信元参議院議員も次のように述べる。

中国脅威論の前に、日本国民として反省すべきは、日本が中国から攻撃されてあわやというのは、元寇以外はなく、それ以外は日本が攻めていって、満州国で傀儡政権を作らせたり、中国本土を蹂躙したりしたということだ。そう考えると、中国の人が日本恐るべしという気持ちになるのは分かる。だから、必要以上に中国が脅威だとか、尖閣にも来るだとか、やんや言い始めて、それが本物の戦争になったら、日本はどうなるか。あまりにも中国脅威論に火をつけすぎて、向こうも、それならばということになったらどうなるか。

最近は、石原さんの影響で、中国に対してシナという言葉を若い者も使う。これも怖い。私の母からは、死んでいる人以外は誰とでも話し合いができる、そういう人間になれ、と教えられた。だから、対話をすることが大事だ。

私は、そう考えると、中国の国民感情を刺激しているのは日本だと見る。その代表的なものは総理の靖国参拝だと思う。敗戦国は謙虚に敗戦したことを受け止めて、再び滅ばないように、平和の歩みをしていくべきだ。歴史の教訓を学んで活かす、平和憲法を守り、これ以上の軍備に加担しないということだ。逆に、戦後レジームからの脱却などと勇ましいことをしていけば、中国はまともにやってくる。

私は、読谷村では弱いものの戦略をもっていたから読谷飛行場を取り戻すことができた。孫子の兵法にも、武器を持つ相手に対して弱いものが勝つ方法として、知恵を働かせることが挙げられている。インドのガンジーは不服従の抵抗で、大英帝国から独立を勝ち取った。それが歴史の教訓だ。脅威論を駆り立てると、政治の力でコントロールできなくなり、下手をすると鉄砲の弾がとんでくるということにもなりかねない。

尖閣問題

尖閣問題についても、山内徳信元参議院議員は、日本の領土だという基本スタンスを取りつつ、日中間の争いの悪化を恐れ、棚上げ論に理解を示す。

尖閣については、もともと沖縄のものに間違いない。中国の漁船が難破したのを八重山の漁民が救った際に、中国からもらった感謝状に、尖閣は石垣の尖閣と書かれている。戦後、琉球大学生物学科の教授や学生たちが、尖閣に上陸して、島の生物・植物を調べたという記録もちゃんと残っている。現地の地番も石垣市のものになっている。

そこで漁民が今まで同様、安心して漁ができるようにしておくことが現地の人の願いだ。そこに政治家が飛び込んでいったり、いろんなことをやって、こちらから押していけば、向こうからも押し返されるという動きがでてきている。それが尖閣一帯の不穏な要素になっている。国際的にも国内的にも、紛れもなく日本の石垣の地番の付された尖閣だと沖縄出身の政治家も考えているので、外務省も防衛省もそのつもりでやってくれと言ってきた。

平和な海域、争いのない海域として、台湾とも中国とも共生する。それをどこかが独り占めにしようとすると問題になるので、みんなの願いのこもった海域としておくということが、日本と中国の政治家の共通の認識であった。日中国交正常化に携わった政治家の間では、この問題はそっとしておこう、棚上げしておこうというのが、先輩たちの知恵であった。海底資源についても、共通の宝として手を付けずに、そのまま置いておこうとすれば、問題は悪化しないで済む。

ところが、宝物を独り占めしようとか、地図の上で、ここは中国のものだと、だから沖縄も進貢船で貢物をもってきたのだというような解釈は、正しい歴史的解釈ではない。国家が独りよがりの主張ばかりやっていたら、あるいは歴史的事実を否定するような主張をしたら、争いになる。国と国との争いは、個人間の争いとは違うから、必ずや大変な事態が起こる。そうならないような知恵を二一世紀の人間は持つべきだと思う。

吉元政矩元副知事は、共同開発を提唱する。

中華民国の時代、福建省の漁民が遭難して尖閣に流れ着いたときに、八重山の漁民が救出し、本国に送り届けた。それに対して、当時の中華民国駐長崎領事から、国を代表して、感謝状が贈られた。その中で、中華民国は、当時尖閣を日本の領土と認めている。それは向こうも知っているはずだ。今の中国は棚上げ論を主張しているが、事実はそういうことだし、実効支配しているのはこちらなのだ。それだけでいい。

もし資源の開発が必要というのなら、共同開発したらよい。事業は沖縄県が作る。それに中国も台湾も参加させ、出資させる。そういうふうに、尖閣の問題は、沖縄との関係で整理していけばいい。日本政府が所有した二つの島を沖縄県に渡し、国有地を県有地にして、尖閣諸島すべてを沖縄が管理するようにするというのも、ひとつのやり方だ。

更に、大田昌秀元知事は、本土と沖縄との認識のズレを指摘する。

八重山の漁民たちは、以前から台湾や中国の漁民と仲良くやってきた。だからこれからも仲良く共生できるように、そしてお互いに繁栄できるような漁業協定を結んだほうがいいと考えている。つまり日本は領土の問題としているが、八重山の漁民は、生活の問題として捉える。その辺に大きなズレがある。

一番肝心の八重山の漁民が、自分たちはこういう不遇の目に遭っているから何とかしてくれと、政府にお願いしたり、県にお願いしたりすれば別問題だが、そういうことは全然やっていない。漁民たち自身が、これを領土問題としないで、我々の生活問題としてやってくれと、しかもこれまでお互い仲良くして、相手が困っているときはこちらがやるし、向こうもこっちが困っているときは助けてくれた、だからお互いが、共生できるようにしてくれ、そのためには漁業協定を結ぶのが一番いい、と言っている。そういう点で、沖縄の一般の考え方と本土の考え方は違っている。

一部に強硬な人がいるが、これは本土と結んでいる人たちだ。しかも本土から押しかけて色々やっている人たちのいいなりになっている。トータルでは、なんでこんなにことを荒立てるようなことばかりするのか、もっと静かに、お互いに平穏にやっていこう、沖縄はユイマールといって、お互いに支えあうというのが沖縄の文化であって、その辺が全然違う。

他方、保守の側には、「尖閣は日本の領土であり、沖縄の一部だ。八重山郡の一部であるということは紛れもない事実だと思う」(前出の保守系首長)と明言する声もあるが、一方的な主張に終始するのではなく、冷静に考えるべきだとの意見もある。稲嶺恵一前知事は次のように述べ、慎重な対応と中国に対する言動の抑制の必要性を示唆する。

沖縄では、もともと琉球王国時代の中国との朝貢貿易や交流のことを言い聞かされて育ってきているので、親中感情が強い。

ところが、それも時代とともに変わってきている。最近出てきた沖縄の保守系の若い政治家は、全然違っていて、日本の右翼に近い考え方をもっている。そうした若い世代は、復帰の少し前に生まれ、物心がついたころは既に復帰後という時代を生きてきている。だから、古い世代の中国に対する感情も分からない。

尖閣の問題についても、同じようなことが言える。昔のことはあまり話に出てこない。だから、日本の領土に編入されたのは、一八八四年に古賀辰四郎氏から国有地借用願が出されてから一一年後の一八九五年、日清戦争の末期のことだという事実を詳しく知っている人は、沖縄でも少ない。そうした経緯や中国との関係の歴史については、新聞の文化欄などで取り上げられることはあるが、一面に大きく書かれることは殆どない。一面に出てくるのは、わが国固有の領土だという結論と、そこに中国が侵入してけしからんという話だけだ。その影響を受けた沖縄の若い世代や右寄りの人たちの意識が、微妙に変わってきているのだ。しかし、逆に言うと、そういう人たちは、尖閣について正確な歴史を知らないということだ。

それでは、沖縄県として、この問題にどう関わるか。どういう役割を果たすべきか。高良倉吉沖縄県副知事は、次のように語る。

中国が長い過去の歴史にまで遡って、尖閣は中国固有の領土だと主張しているなかで、中国の責任あるリーダーが明確に言っているわけではないが、琉球・沖縄を射程に入れるような議論も行われている。それに対して、沖縄が過去の歴史を持ち出して説得しようとしても、中国は違う歴史的理由で尖閣諸島は中国領だと主張する。これについてはグレーゾーンではなく、我々中国のものだ、中国の色に塗るのだと主張する。一方、日本側が日本の固有の領土であることを説明するときは、基本的には琉球王国が沖縄県になって、その沖縄県が尖閣と関わりがあり、やがて実効的支配が始まったという説明をする。両方とも言い分に、沖縄という接点がある。

歴史的には、琉球王国は、無人島である尖閣諸島に対し関心を持っていなかった。沖縄の北方に位置する硫黄鳥島は一時島民がいたが、これもやがて無人化した。一方尖閣諸島の沖合には、八重山の漁民が魚を獲りに行ったりすることはあった。また、沖縄戦のときに八重山の人たちが台湾に疎開しようとしてアメリカ軍の攻撃を受けて船が沈没して死んだという経緯もある。そういう歴史的関わりはあるのだが、那覇の人間、沖縄本島の人間にとっては、尖閣はほとんど眼中にない。沖縄県のものであるかどうか十分自覚できない、ということが続いていたときに、いきなり日中の対立の焦点として尖閣問題が登場してきた。

そこで私も、沖縄と尖閣との歴史的な関わりや、八重山の住民の生活上の関わり、近海で戦死した人がいる、などということ持ち出して、沖縄側で日中の対立点とは別のテーブルというか論理を構築できないか、沖縄側が具体的なイニシアティブを発揮して、日中対立を沈静化する、そういう論理を見つけることができないかとずいぶん考えたのだが、できなかった。今のような状況ではそれはなかなか難しい。

東京と北京がこれだけお互いの言い分を言い合って、先鋭化している。お互いに国内世論を背負い、一定の自制をもちつつも一種のパフォーマンスをしているわけだが、そのパフォーマンスがステージに上がってしまっている。この演劇は両方ともしばらく続けなければならないだろう。そのようなステージに沖縄が上がってマイクを握ってというのは難しいのではないかと思う。

沖縄県内でも、昨年行った県の世論調査では、沖縄県民の中国に対する感情は、かなり悪化していることがはっきり出た。その状況は、日本本土とあまり変わらない。尖閣の問題に加え、中国の反日デモなども見て、今の中国に対する反感、嫌いという感情が沖縄でも出てきている。一方で、沖縄にはもともと中国に対する文化的、歴史的親近感もある。その二つの感情をプールし、統合して、日中がこれ以上エスカレートしないために沖縄がどういうイニシアティブを発揮できるかというと、だれも名案はない。沖縄のある左派の知識人は、国有化した尖閣諸島を沖縄県に譲渡したら中国は軟化するのではないかということを沖縄の新聞に書いていたが、北京がそんなことで軟化できるような状況ではなかろう。福建を交えて会議を開くなどということも考えられるが、福建にとっては、尖閣よりも自らの地域の経済発展、台湾との両岸関係の発展が当面焦眉の課題で、それどころではないだろう。

9―基地との強制的共存のシステム

ゆすりたかりの名人

基地問題に関し、本土と沖縄の間で、最も認識が異なるのは、基地と経済の関係だろう。本土の多くの人々は、沖縄経済は、基地があることによって成り立っている、すなわち、基地を受け入れる見返りに、巨額の沖縄振興予算を獲得するという、基地との共存のシステムがあり、そこには利権の構造が重なっていると考えている。そうした利権の構造には、軍用地主や軍雇用者から、軍関係工事や調達の受注企業、米軍基地が所在することによって様々な直接・間接の交付金を受け取る自治体に至るまで、幅広い受益者が関わっているとされる。口の悪い人は、そういう沖縄の人々に対して、基地負担を渋りながら、国からの交付金の額を吊り上げることのうまい、ゆすりたかりの名人という陰口を叩く。

そのことに対しては、沖縄県民の側からは強烈な反発がある。前出の基地所在自治体の保守系の首長は次のように反論する。

我々にとっては、米軍基地を現実に抱えているという問題がスタートであり、それが世論の一番のポイントだと思う。その立場からすれば、ゆすりたかりという話よりも、我々が基地を抱えてきた戦後六八年、あるいは復帰後四二年、SACO合意からの一八年間に、ゆすりたかりでプラスになったかといえば、それはなっていない。とりもなおさず、問題の原点は、基地は危険であるし負担である、だからこそ時代的背景はあったとしても、これは日米両政府の時の大統領と首相が合意した、それを進めることが第一の役割というか一番にやるべきことだと思う。その中で、そういうことが出てくると思うが、私からすれば、ゆすりたかりというより、基地問題を解決する、その間の生活に支障をきたしているものについては、やはりしっかり対応して頂きたいというのが、私どもの基本的な考え方だ。他の基地を抱えていない市町村がどのようなことを言うのかは分からないが、少なくとも実際に基地がある、それを無視して県民世論を構築できないだろうし、むしろそこに比重をおいて、それをどうにかしようということの中で次の段階があると思う。だから世論形成ということからすると、問題の原点である基地負担、危険性の除去というものが、本当に捉えられているのかという不安もある。

基地と振興策のリンク論

基地の見返りに沖縄振興策があるという、いわゆるリンク論については、同じ首長は次のように言う。

沖縄のなかで政治家にリンク論の話をするとみんなネガティブになると思う。表現そのものがネガティブだから。極端に言うと悪意がある。

基地を抱える自治体の首長としての立場から言うと、基地を抱えていて、住民の生活に、大なり小なり、目に見えるか見えないかは別として、支障をきたしているものに対して、我々が代償を求めていくのは当然だと思う。例えばアクセスの問題、公共施設の問題等々を含めて、リンクということではなく、我々が基地を抱えて、犠牲を強いられていることに対し、改善してくださいということは言えると思う。だから私は防衛省の予算の中から、これまで住民が損をしてきた、あるいは生活を改善できなかったものを予算として勝ち取ることはある意味で正論だと思う。そうしないと生活そのものが改善されない、よくならないとなると、それは基地も抱え、生活も窮屈だ、産業も育たない、というような自治体では、夢も希望もないということになるので、今をいかに改善するか、よりよくしていくかということは、当然要求として、要望としてあるべき姿だと私は思う。

軍用地主・軍雇用者

米軍基地所在市町村の財政、軍用地主・軍雇用者の存在についてはどう考えるか。同じ首長は次のように答える。

すべてが一言では答えられないことだ。例えば従業員の話だとか、地権者、地主の問題とか、そこにはいろんなことがあると思う。それを具体的にしっかり整理する必要がある。ただ、ここで仕事をしている人たちからすれば、利権とかいうより、当然のこととして、そこに仕事があって、仕事をしているということからして、生活権を守らなければならない。もうひとつ、地権者、地主にとっても、土地を使いたくても使えない現状があることに補償をするのはごくごく当たり前のことだと思う。それがいきなり、方程式上、利権ということに結びつかないと私は思う。だから、そこは整理する必要がある。

県内の基地には地主がいて、その地主に一番の被害がある。その被害に対して補償をするのは当然だと思う。一方、基地があることで、地主以外の他の住民も、生活の面で負担をしている。そうした住民の負担の軽減のための措置もとるべきだと思うので、いろいろな施策が必要だろう。こうした基地を抱えている自治体としては、他の基地を抱えていない市町村よりも、生活や暮らしの中で日々感じていることのボルテージは高いと思う。

隠れ誘致派

基地によって経済的な利益を得ているが、決して表には出てこない、いわゆる隠れ誘致派の存在についてはどう考えるか。同じ首長は次のように答える。

さまざまな議論があっていいと思う。十人いれば十人それぞれ違う意見があっていいし、それが民主主義ということだと思う。その議論をしっかり入れながらやるということは重要だと思う。

隠れか隠れでないかは分からないが、なぜ隠れなければならないかということも私は心配するところだ。議論をして、沖縄の方向性をしっかり見出せるような、結論的なものも出さないといけないだろう。そこは、世代間の違いはあるにしても、過ぎ去った時間は戻ってこないので、それを踏まえ検証もしながら、しっかりと未来を作っていくというか、そういうことをポジティブに作り上げていかないといけない。

私の心配しているのは基地の固定化だけだ。議論を尽くし、結果基地が残ってしまってもいけないだろう。というのも、二十年先、三十年先、仮に我々の子どもたちが大人になったときに、基地が残っていたとしたら、かれらに我々は顔向けができない、責任が果たせない。だから今の議論の中で一番大切なことは、基地の問題を解決するという強い姿勢だと思う。

基地のもたらす歪み

一方、革新系の大田元知事は、基地関連収入への依存がもたらす歪みについて、次のように慨嘆する。

今の若い人たちは歴史も知らないし、戦争のことも知らないし、自衛隊の宣撫工作が進んでいて、本土と同じような状況が沖縄でも若い世代に起きている。だから中には、基地が必要だと言う者もいるが、かれらは、生まれたときから基地があって、基地で働いている親父の給料から大学の学費を出してもらったりしている。また、復帰してから軍用地の地代が七倍から一〇倍も上がったので、地主が特別の階層を形成している。それは、汗を流して働かないでも自然にお金が入ってくるので、不労所得だ。ある地主が、子どもがぜんぜん働こうとしない、こんな状態になっては沖縄は救えないと嘆いていた。そういう地主階層が立派な家を建てていて、政府が地主階層を絡め取るために土地代を上げるものだから、一般の土地に波及してしまい、一般のサラリーマンは土地代が高くて家が建てられない。こういう馬鹿なことが現実に続いているから、へんな若者たちが基地を大事にしようとする方向に変わってくる。

また、ある革新県政幹部経験者は、大田県政から基地容認の保守県政に替わって以降、国からの交付金支出が、一時期の四七〇〇～四八〇〇億円から、最低のときは二三〇〇億円まで減少したことを指摘し、「なぜこの間、米軍基地に賛成し、移設に賛成したのに、下がってきたのか。これは日本の政治に聞きたい。自分たちの気に入った人を続けてきているのに、どうして沖縄への支出を減らしてきたのか。つまり、モノを言わなかったらカネを出さないということだ。露骨すぎる」と言って憤る。

同じく革新系の伊波洋一元宜野湾市長は、リンク論や、ゆすりたかり論のような問題の立て方がなされるようになった背景として、本土政府と沖縄側の責任を挙げ、次のように批判する。

今の状況は、一九九五年の少女暴行事件のときと、やや似ている面がある。そのころは大田知事のもとで革新県政の時代であったが、必ずしも基地問題は進展していなかった。その中であの少女暴行事件が起き、それに対する県民の怒りが爆発した。そのころの基地周辺の状況はどうだったかと言えば、湾岸戦争後のしばらく戦争がなかった時期で、海兵隊員も少々だれていたので、当時の在沖司令官が海兵隊魂を鍛えるという方針を打ち出し、それまで沖縄では実施されていなかった完全装備の行軍を始めた。キャンプ・シュワブからうるま市、宜野湾市、浦添市あたりまで、完全装備の海兵隊員が行軍する様は、異様だった。沖縄には戦場体験のある人が多いから、それを見て、戦争が近づいてくるような気がして、不安を感じ、反対の声があがった。このような沖縄の人を無視したような動きがある中で、あの少女暴行事件が起きた。さらに米軍側の謝り方の行き違いもあって、県民の怒りに火がついたのだ。あの時も本土の人には、なぜ一人の少女の事件のことで、沖縄がこれほど怒っているのかを分かってもらえなかった。その時と同じように、沖縄の怒りが必ずしも理解されないということが、今また沖縄で起きているのだ。

ただ当時と根本的に違う点もある。一九九五年には政府は、沖縄の怒りに対応しようとした。沖縄の基地負担を軽減しようと、本土復帰後初めてSACOが作られ、SACO合意ができ、そして普天間返還が合意された。今は普天間の移設先が問題となっているが、あの時は基地負担の軽減が目標だった。しかも、橋本首相や自民党の有力政治家は、戦争とその後の異民族支配による沖縄県民の犠牲と負担に対し、償いをしなければならないということを、言葉として明確にした。一九九六年九月一七日の橋本首相の講演が代表的だ。その言葉に基づいて、沖縄の負担軽減に取り組まなければならないという、強いベクトルが生まれ、物事が大きく動いた。その後、県内移設という条件をめぐり、革新県政から保守県政へといろいろな動きがあり、混乱が続いたが、そうしたなかでも、まだ基地負担の軽減という流れはあった。

そうしたSACOの精神に基づく沖縄の負担軽減というベクトルは、九・一一米国同時多発テロを境に、沖縄基地強化という政策に大転換した。それが形として表れたのが二〇〇五〜六年の米軍再編合意だった。それは外形的には大きな負担軽減ではあった。どうしてかと言えば、動かないと言われてきた海兵隊八千名を家族とともにグアムに移す、さらに嘉手納以南の基地も返すということだったからだ。しかし代わりに、辺野古にV字型の基地を造る、しかもこの基地は、弾薬装填所もあるし、軍艦も横付けできるなど、基地としての機能が強化され、最前線基地化されるものだった。それまでは、橋本首相が大田知事に提示したのは撤去可能な海上へリポートだったし、稲嶺知事の場合も、一五年使用期限で沖合展開、軍民共用で県民の財産にするなど、何らかの制限がついていた。それが今の辺野古のV字型新基地には制限がない。恒久基地になり、将来も撤去できなくなることを県民は敏感に感じている。その意味で、今の沖縄の怒りは、一九九五年の時とは大きく違っている。

そういうなかで、鳩山政権が誕生した。鳩山さんは、「国外、最低でも県外」と言った。それまでの自民党政権の下では、基地を受け入れることはやむを得なくて、基地を受け入れながらも、沖縄のためになる振興策を見返りにしっかり取ろうとする、自民党沖縄県連の主張は続かなくなった。どうしてかと言えば、政権自体が県外と言っているのに、基地を県内の地元に負担してくれと主張するのは、沖縄の政党としては成り立たないからだ。だから自民党沖縄県連は、二〇一二年二月の沖縄県議会における「普天間飛行場の県外移設」決議に賛成し、方向転換した。次の県議会選挙に向けて、「県外移設」を打ち出す必要があり、政策転換をした。沖縄県民の心の底には、基地など受け入れたくないという気持ちが常にあったから、保守もそれを敏感に受け止めて、オール沖縄になっていった。

ただ、そこに至る過程で、一八年前にSACO合意ができ、島田懇事業、北部振興策など、SACOに由来する政府からの交付金が、基地移設先の基地所在市町村等には潤沢に提供され、じゃぶじゃぶの状態になった。使い切れないほどのお金が来て、それを受け取った北部の自治体は、本来の行政にその資金を使うのではなく、もっぱら箱物を作るのに奔走するようになった。今でもそうしたお金はいっぱいでている。そうなると、九五年の少女暴行事件のときに語られたような、沖縄の犠牲や負担に応えるための償いとしてではなく、むしろ、基地があるからこれだけのものができるという受け止めや雰囲気が、基地を受け入れている沖縄側のなかにも出てきた。

その一方で、本土の側では、これだけお金を出しているのに沖縄はまだ基地に反対するのかという空気が出てきた。基地所在市町村にお金がじゃぶじゃぶに入ってくるということに対し、県内の他の市町村からもうらやましく見られるようになった。本土からは、沖縄の基地の現実とは関係なく、お金をいっぱいもらっているのに沖縄はごねているとしか見られなくなった。

さらに沖縄振興特別措置法でも、国の補助率が七割、八割は当たり前という世界になっているから、移設される基地を持つ自治体の首長は今やそれを九割あるいは九割五分にまでしてくれなければ満足しないような状況になっている。これは、本土、特に東京の外務官僚や防衛官僚、その他の行政官僚にとってみると、えっと驚くような世界だろう。

しかし、沖縄で現実に起こっているのは、嘉手納でも、普天間でも、キャンプ・シュワブでも、辺野古でも、宜野座でも、伊江島でも、演習の激化と騒音の激化だ。私が宜野湾市長に就任した二〇〇三年に、一九九六年以降の普天間の飛行回数を調べてみたら二倍になっていた。嘉手納も、本土への訓練移転が行われる一方で、その隙間で、米本土から外来機が来て、訓練が増加し、騒音も増えている。しかも毎年増えている。この裏腹の現実は、基地周辺だけでなく、県内で広く実感として感じられるようになっている。これは、償いの精神というものが消えて、償いは終わりだという流れと一致している。今政府が出しているお金は、償いではなく、基地強化のためである。

福島同質論

基地という、いわば迷惑施設を受け入れる代わりに、経済的な見返りを獲得するという構図は、福島などの原発の問題と共通するという、福島同質論については、沖縄の人々はどう考えているのだろうか。

大田元知事は、福島同質論に与しない。

福島の場合は、東京電力の宣撫工作があって、受け入れ派というのが正面からあった。ところが沖縄では、基地を受け入れてもいいと地元が言ったのは、例外的に、米軍統治時代の久志村長が、どうせ反対しても米軍は基地を作ってしまうのだから、むしろ条件をつけて受け入れた方が賢明だと考えて、受け入れたというケースがあるが、それ以後は受け入れるというのはなかった。

しかし、同じような、どうせ反対しても米軍は強制的にやるから、それでは難しい条件をつけて、できないようにしようという発想は、その後もある。

例えば、岸本市長時代の名護市が、辺野古の受け入れを表明したことがあったが、実は、岸本さんは亡くなる前に、奥さんへの遺言として、基地は受け入れるべきではない、だから実現困難な条件をいっぱいくっつけて、受け入れるみたいだったが、実はそうではなかったということを、奥さん自身がテレビのインタビューで話していた。だから、岸本夫人は、この間の名護市長選挙では、最初から今の稲嶺市長を支持していた。

その他、知事レベルでも、公然と受け入れるというのは、例えば当間重剛のように軍用地料一括払い賛成をやった、那覇市長上がりの行政主席さえも、基地を正面から受けるとは言っていなかった。

そういう点を細かく見ていくと、福島と違う点はずいぶんある。だから我々は、簡単に福島と同じだと絶対に言うべきではないと言っている。その辺の細かい比較というのは、歴史を相当調べてからしないといけない。

先日、本土から来たある高名な学者に、なぜ日本の知識人は沖縄問題に関心が薄いのかと聞いたことがある。するとかれは、ではあなたは例えば佐賀県とか鳥取県とか青森県とかというのをよく知っていますかと聞いてきたので、いや知らないと答えたら、では同じではないかと言った。それに対して私は、いや全然違うと、我々沖縄は、佐賀県とか鳥取県とかの人々の頭の上に足を乗せていない、しかし今の本土の場合は、我々の頭の上に足を乗せているのと同じだ、と言ったら、なるほどということだった。

伊波洋一元宜野湾市長も、福島と沖縄は違うと言う。

私は本質的に違うと思う。福島の問題は、全国の原発があるところではどこでも起こり得ることで、まったく国内の問題だ。沖縄は日本の国内問題ではなく、アメリカの世界戦略の問題だ。沖縄がこうなっているのは日本政府が望んだからではなく、アメリカが沖縄をこのようにしているのだ。そこに大きな違いがある。

だから私は、問題の解決には日本政府の力では無理だと思っている。国際的な関係の中で提起しないと解決はできない。

ところで、今、普天間だけが取り沙汰されているが、普天間だけの問題ではない。一番大きいのは、嘉手納基地の問題だ。嘉手納爆音訴訟では、二万二千人もの被害者がいる。安倍政権の下では、普天間だけでお茶を濁して、あとの基地はそのままか、移設して再度別のところに作り直そうという流れになっているが、これはおかしな話だ。

だから、私は国際関係の中で解決すべき問題だと考える。中国とか他の国々とも関わりながら、解決しなければならない。一政権だけでも対応できない。アメリカが解決することを義務付けられている問題なのだから、オリバー・ストーンなどのアメリカの有識者の声明が有効だ。決して沖縄だけの問題でもないし、日本国内だけの問題でもない。アメリカという主体がいて、そこを動かさないと解決できない問題だ。日本政府にはそれができない。日本はアメリカの属国で、安全保障に関する限り傀儡政権にすぎないから、米軍基地に対する意思決定ができない国になっているので、そこからは動きは出てこない。

だから沖縄県民の怒りが必要だ。この怒りは日本政府より、アメリカのほうが敏感に感じている。先日、キャロライン・ケネディ大使が沖縄に来たが、彼女から申し出て、稲嶺名護市長に会っている。アメリカは、沖縄に基地を維持するため、これ以上沖縄の怒りを、自分たちが原因となって作りたくないのだ。仲井眞知事にも、辺野古を受け入れてくれてありがとうとか、よろしくお願いしますというようなことを一言も言わなかった。それは、この沖縄の空気を読んでいるからだ。そういうふうに、一番沖縄の県民感情を気にしているのはアメリカだ。日本政府はそんなことを全然気にしていない。日本政府はアメリカの顔色だけを窺っている。沖縄県民の顔色など全然気にしていない。それは、知事などを通して、沖縄を押さえつけられると思っているからだ。アメリカは、世界各地で独裁政権を支援し、米軍基地を置いてきたが、各国の民主化運動でひっくり返されてきた。フィリッピンなどがそうだ。政治というのは県民感情を無視できないと知っているから、沖縄の人たちの気持ちは見続けなければいけないと思っている。そのようなアメリカの関与があるという意味で、福島とはまったく違う問題だと思う。

戦争からつながるアメリカの世界戦略のもとで犠牲を受けている地域としての沖縄があって、アメリカの支配に加担している日本がいる、という構図だ。この沖縄問題というのは、解決する手法を考えると、決して国内問題ではない。関与している一番の主体はアメリカなのだから。日本が解決できないのは、日本がアメリカに対してなんの当事者能力ももっていないからだ。鳩山政権は初めてそれを持とうとしてつぶされた。沖縄は、自己決定権という観点から、主体的に自分たちのあり方を求めるということを、アメリカに対しても、世界各国に対しても、日本に対しても言うことができる。そういう立場でやる以外にないのではないかと思う。

稲嶺進名護市長は、地位協定の問題を理由に挙げる。

基地問題と原発は根っこは一緒だと言われる。貧しいところに金をあげるから引き受けてくれ、という形、そういう事例は全国どこにでもいっぱいある。沖縄だけの話ではない。

ただ、原発とひとつ違うのは、地位協定で米軍が持っている特権の問題である。それをひっくり返して言えば、県民が持っている人権が蹂躙されるということが起きても罰せられない、あるいは罰せられるとしてもそれが軽いものになる、あるいは裁判権が及ばない者が本国に帰ってしまったら、どこに行ったかも分からない、というような、人権というところまで直接的に関連してくる問題があるという意味で、原発とは違うと思う。

そういう状況があるものだから、今沖縄でもだんだん声が大きくなってきたものの一つに、県民、ウチナーンチュのアイデンティティの問題として考えようということがある。これまでは、基地問題はすべて保守、革新の対立という構図のなかで、ある意味ではイデオロギー対立、イデオロギーで論じられてきたということがある。そこでは、強者が弱者に対してお金、つまり振興策という形で押さえ込みをする。しかし、戦後六八年も経ったいま、沖縄の県民所得は、今もまだ全国最低ではあるものの、食っていけないという状況ではない。それから日本の情報、世界の情報が簡単に得られる。そういうなかで、県民一人ひとりの知識や理解が以前と変わってきている。だから、イデオロギーで論じるのではなく、市民生活、県民生活、とりもなおさず人権というところに踏み込んでくるものだけに、少なくとも基地問題に関しては、与党野党、イデオロギーの問題ではなく、県民として心を一つにして対応しないといけない。これが建白書に表れた一つの形だと思う。

基地が先か、住宅が先か

沖縄の場合、基地との共存は、自発的な部分はなく、むしろ強制的だという面が強調される。これに対し、意地の悪い人は、基地の周りの住宅などは、基地建設の後に集まってきたのではないかという陰口も囁く。

普天間基地を抱える宜野湾市の市長を務めた伊波洋一氏は、次のように反論する。

ネット右翼や、米側関係者が言うように、ここはもともと田んぼだったわけではない。九つの集落があって、小学校と村役場もあった。

普天間飛行場は復帰前は補助飛行場だった。なぜそれが今のような飛行場になったかといえば、那覇空港基地が返還されることになり、そこに常駐していた海軍機が嘉手納に移ることになった。そこでアメリカは、当時ベトナム戦争の真最中だったので、嘉手納の混雑緩和と訓練空域の確保のため、普天間飛行場の整備を要求した。それが出来上がったのが本土復帰後の一九七四年。そうして普天間が整備されたので、北谷《ちゃたん》にあったハンビー飛行場というヘリ飛行場に常駐していたヘリ部隊を普天間に移そうという話になって、七八年までにさらに基地が整備され、格納庫も作られて、ヘリ部隊が移ってきた。

そういう経緯があるなかで、既にその時点で周りには住宅地域が形成されていた。小学校は、一九六九年に作られている。那覇空港の代わりの飛行場としての設計はその後に行われている。その際、安全確保のためのクリアゾーンの設置について、アメリカは基地の中の司令部や施設などについては、安全基準に抵触しないような配慮をしているが、基地のフェンスの外については、いっさい地元住民には知らせず、伏せたままにしていた。普天間飛行場の安全基準違反が明らかになったのは、私が市長時代に行った調査の結果によるもので、二〇〇七年のことだ。

前出の基地所在自治体の保守系首長も、次のように言う。

　我々にとっては、土地がない。基地があるからお前たちはここに住まなくてもいいよというロジックをやってしまうと、それこそ差別だということになる。我々にとっては、沖縄での戦争以来ずっと土地を取られている。しかし、生活はしなければいけない。生活をするにあたり、土地はここにあるのに、どうして我々は他所に行かなければいけないのかということだ。だから、なぜ危険な基地の近くに敢えて住むのかというようなことを言う人は、あまりにも現実を分かっていないということだ。

　そこには、沖縄の特殊性もあると思うし、本土との環境の違いもある。比較して言えば、本土の基地はほとんど国有地で民有地は少ないと思うが、沖縄の場合は逆だ。本土での基地の環境と、沖縄の基地の環境は全然性質が違う。そのような中で同じような感覚で話を進めるとどうしても交わらないところが出てくる。なぜ危険な基地の近くに敢えて住むのかというと、そこに住まざるを得ないという環境がある。土地もない。今、基地になっている場所には、昔部落や公共施設があった。それらを取られたうえで、そこを捨ててどこか他所に行きなさいと言われるのは、おかしい話だ。だからこそ返還されることになったはずだ。そういう点で本土とのギャップはものすごくあると思う。

そういうことを言うのはアメリカ人というよりむしろ日本人だと思う。生活に密着した、ここにしかない環境、ここにしかない感覚というのがあるのに、そのことについて共有感を持つことが日本人にはなかなか難しいらしい。どうしても沖縄問題という枠のなかで収まってしまう。

本来安全保障という問題は、日本人が等しく議論し、一定程度の感覚や価値観を共有しなければいけないと思うが、その共有感が薄いから、世界一危険な基地ならば住まなければいいではないかなどと言う。日米安保が大切だと言っている反面、日米安保は沖縄だけを守っているのではない、日本を守っている。ということは日本人が応分の負担をすることが当然だと私は思う。応分の負担をするためにはそれを理解しなければならない。理解の原点として今の考え方があるのだが、ギャップは大きい。ということは、我々の苦しみが理解されていないということだ。そういうところにもう少し光を当ててほしい。

10　保革政治構造の変動

沖縄の保守

これまでに見てきたように、沖縄の保守と革新との間には、いくつかの重要な点で大きな見解の相違がある。それを乗り越えて、オール沖縄として再結集しようという動きがあるのは、保革ともに基地問題に関しては厳しい見方で一致しているからだ。

その動きが、沖縄の政治構造に風穴を開けることになるのか。保守の一部が、翁長那覇市長の主唱するアイデンティティ論の旗の下で、中道路線を取り革新と共闘することになれば、これまでの保守は分裂することになる。既にその兆候は、一月の名護市長選挙で顕在化した。それは、沖縄における伝統的な保守と革新という二極対立の政治構造に変動をもたらす。

そもそも沖縄の「保守」とはなにか。かつて自民党員であった下地幹郎元衆議院議員は、沖縄の保守と革新の区別について、次のように解説する。

保守と革新の区別の基準は、即刻基地撤去というのが革新で、段階的に減らしていこうというのが保守だ。それが沖縄の基本的な二大勢力となっている。

そのなかで、革新の側に、新しい考え方をもってきたのが、大田知事時代の革新県政において副知事を務めた吉元政矩さんだ。かれは初めて、革新の副知事でありながら、那覇軍港の浦添への移設を認めた。基地を縮小しながら出していこうという、新しい革新の流れを作ろうとしたが、敗北し、副知事を辞任した。

一方の保守は、基本的には基地を段階的に減らしていこうというグループだ。私の見方では、基地を守れという人は保守にはいないが、中には、段階的に減らしていこうという意識を持たない人もいる。若い世代の沖縄選出自民党国会議員、いわば石破派のような人たちの中にそれが見られるが、かれらは基地を段階的に減らすというより、それを持っているために何をやったらいいかと考え、振興策の予算を獲得しようとか、基地は残して地位協定を少し変えさせようとか、対症療法的なことを考えている。これは、従来の保守とは違う新しい保守だ。

保守のなかでも翁長さんなどのグループの人たちは、安保を認めながら、普天間の県内移設には反対、県外移設すべきだと言っている。安保容認で基地の段階的縮小という保守の基本的姿勢とは矛盾しないものの、県外移設という点では革新と同じだということになる。

そういう三種類の保守が、お互いに化学反応を起こして難しい状況になっている。その中で私はオーソドックスな保守で、引き続き、段階的に減らしていくということをやっていきたい。基地問題と、石破幹事長が名護市長選挙のときに表明した五〇〇億円の振興策の話を一緒にするようなことには反対だ。普天間の移設先については、県内→県外→国外という、現実的に米軍基地を減らすという発想のなかで、嘉手納統合案を主張している。


今の言葉のなかでも紹介された革新の吉元政矩元副知事は、保守と革新の区別について歴史的経緯を踏まえた別の基準から、次のように分析する。

沖縄の場合、保守と革新という区別は、戦後アメリカの統治の下で、アメリカの政策に協力して、その手先になって沖縄を押さえようとするのか、それとも、それに反発して、県民主権を基本に、将来の自立を目指して復帰運動をするのか、という違いから始まっている。当時の権力との関係で、どちらのグループに属するかということであった。

しかし今や、保守や革新という言葉を使わなくてもいい段階になった。それを象徴しているのが、県内の全四一市町村長や議会議長らが署名した建白書だ。これがきっかけとなって、基地問題を始めとする政治問題について、必ず二つに割れていた状況が変わり、総論的な議論ではなく、当面する課題について認識を一致させようではないかという、かつて沖縄を担いでいた我々の世代とは違う傾向が出てきた。

今の世代の県議会議員や市町村議会議員の大半は、かつてのように、政党活動を経て議員になるのではなく、地域の政治状況を踏まえて、どの政党と付き合ったらいいのかということを考える。イエスかノーかという問題は地域にはあまりない。そのことを見逃したまま、保守と革新という分け方が続いてきたが、そうではない新しい傾向がでてきていることに、人々が気付き始めた。そうした視点から、本土が持ち込んでくる政治的分断策に対応するため、個別に対応するのではなく、あるいは、個々の基地をどうするかではなく、沖縄をどうするか、沖縄の将来やこれからの在り方をどうするかという考え方にシフトした。ここが従来と違う点だ。

ただそこに、本土からは、我々がこれまで対応してきたやり方とは違うパターン、つまり沖縄に直接本土から手を入れてくるというパターンの動きが、ここ数年の傾向として活発化している。本土の保守系政治団体や右翼団体、宗教団体などが、沖縄に入り込んで、日常的に公然と活動を行っている。

一つには、それを若者が嫌がっていないということがある。そこは、我々の世代とは違ってきている。今の世代、復帰後に生まれた世代は、復帰運動をやったことがない。アメリカの直接支配の中にいなかった。だから復帰後の話も彼らには分からない。物心ついたときは、今の世の中と同じだから。あれは過去のことだという使い分けをすることが、自然になっている。そこへ本土からの手が伸びてきて、若い世代と手を結ぶ。中にはそれに触発される若手の政治家や保守系の首長も出てきた。

先日の名護市長選挙で、石破幹事長が直接乗り込んできて、五〇〇億円の基金などという話をしたが、こういうことはかつてなかったことだ。向こうの腹にはあっても、それを言うのは沖縄の当事者だった。

日本や沖縄をめぐる東アジアの国際環境が流動化している中で、日本政府はアメリカしか見ておらず、依然として、沖縄にモノとカネをぶち込むことによって何とか引っ張れるという発想が続いている。それをやっているのが、本土の政権党の今の主要なポジションを占めている二世、三世の政治家だ。かれらは、沖縄のことも戦争のことも知っているはずがない。


保守と革新という言葉は、復帰後は、かつての米軍支配のなかで使われていた意味では使われなくなったが、政治的に本土の自民党が国家権力を使い、いろんな工作をして保守候補を立ててくるものだから、それまで復帰運動に携わってきた三政党が、革新としてそれに対抗してきた。しかし、沖縄の復帰後は、革新の票は常に三万票から五万票足りないという状況だった。そこで、大田革新県政の実現を目指すにあたっては、革新政党主導ではなく、労組の私が大田氏を説得し、出馬表明をさせたうえで、各政党への協力要請をするという形で、選挙戦を闘い、勝利した。

この時以降の大きな変化は、公明党が保守側に行ったことだ。その結果、保革の差がもっと開いてしまった。だから、大田知事の後、一六年間革新県政は誕生していない。

しかし、次の知事選挙では革新候補が勝つだろう。候補者としては、ある大学教授の名前が取り沙汰されている。ただし、それはもはや革新という呼び方はふさわしくない。こんどの選挙は従来のような保革の対立ではない。普天間が二十年近く動かなかったことに対し、沖縄県民の新しい動きとして、せめて米軍基地問題では意見を一致させよう、今のような知事は作らない、ということで一致した。この大学教授も、保守革新という枠組みでは動いていない。そこで、これに対抗する候補を自民党が出してくるかどうかだ。私としては無投票になってほしい。なぜなら、普天間で県民は一致したのだから。それでは今の自民党政府は収まらないかもしれないが。

そういう意味では、オール沖縄はある。普天間移設問題をきっかけにしてまとまったが、そこから、沖縄の将来やこれからの在り方について、道州制を視野に入れ、沖縄の自立、自治の確立という方向で結集していこうということだ。もう、そういう時期に入っている。それを進めるためには、今の知事のような人では駄目だということだ。その点で多くの人が一致している。

オール沖縄の再結集

こうして保革の枠組みが壊れ、保守の一部が革新に合流する形で基地反対のオール沖縄が再結集されることに、革新系の山内徳信元参議院議員は期待する。

基地問題という命の問題の大半は、保守革新という次元で考えるべきものではない。そうして次第に、時間はかかったが沖縄の人々は一本化の方向に向かってきた。ところが、昨年年末に、自民党国会議員五名がつぶれ、自民党沖縄県連もつぶれた。しかし、那覇市が持ちこたえている。翁長市長はじめ、那覇市会議員の自民党の皆さん、それから、県連の顧問を務め、県議会長の経験もある自民党沖縄県連の顧問で、西銘恒三郎議員の後援会長でもあった方が、顧問と後援会長を辞任した。そういうふうに、オール沖縄の中からの動きとしては、自民党の中にも、毅然として、県民の生命と財産を守るために立ち上がり続けている人がいる一方、つぶれていった国会議員五名をはじめ、県連とそこに関係する人々は、おそらくオール沖縄から一歩足を引くだろう。

そしてその後にきたのが、名護市長選挙だ。稲嶺陣営にとっても末松陣営にとっても、一歩も引けない選挙だった。末松陣営にとっては、石破幹事長があいうふうに、次々とつぶしていった後の最後の段階だと位置づけ、ここで最後に勝てば辺野古は大丈夫だとかれらは読んでいたのだろう。しかし、名護の市民はよく見ていた、モノを言わない民はよく見ていたということだ。

オール沖縄の中には、保守系であるが、基地問題についても、辺野古の問題についても、普天間の問題についても、ノーと言って、自信をもって顔を出す人が増えた。

一方、保守のなかでは、超右翼的な感じのする、ヘイトスピーチ的なものが、沖縄でも動き始めている。これがのさばったら、戦前の軍国主義のようになり、民主主義の破壊になる。

時間が経てばたつほど、オール沖縄のなかの保守でも、政治的な構造的差別を受け、虐げられてきた人々は目覚めてくる。私は、そうした歴史の進歩発展に期待している。

沖縄では、ヘイトスピーチ的な動きがあっても、保守系の市長が悪あがきをしても、あれだけの沖縄戦の悲劇体験者は減っていっても、そういう悲劇の沖縄であったということは変わらない。それは語り部を通して、あるいは親子の日常の会話を通して、子や孫の世代までつながれていく。そうして伝えられていくときの受け皿となるのは、憲法の平和主義しかない。憲法以外には、そういう人々の心を救ってくれるものはない。政治的にも救ってくれる器というものは日本にはない。それがなくなれば、日本は闇の国になる。日本は闇の国になってはいけない。沖縄から見ると、日本の政治は民主的でない。弱いものを押さえつける。しかし、弱いものにも五分の魂がある。それを等しく日の目を当てるのが政治であるべきだ。

同じく革新系の伊波洋一元宜野湾市長は、保守の一部が革新に合流してきたことを歓迎しつつ、保革政治構造の変化については懐疑的だ。

反基地の流れは強まっている。保革という構造は変わっていないと思う。ただ、従来の保守系の候補者を支持してきた方々の中にも、辺野古移設は駄目だと考える有権者がでてきた。昨年の名護市長選挙で、そのような動きもあって、稲嶺市長は、保守の候補に四千票差で勝った。従来、保守の有権者は保守の候補に票を入れていた。沖縄はその意味で律儀なところで、これまでだれが候補者になってもそれなりに保革が拮抗できるような票差が維持されてきた。前回の知事選挙でも、名護では仲井眞さんは私よりかなり多く票を取っていた。しかし、名護市長選挙では、辺野古は譲れないという一点で投票行動をする人がいたということが見えた。それが大事だと思う。
また同時に、保革の間では、沖縄振興、公共工事、企業優遇政策が大事だと見るか、福祉や教育の向上、人材育成などの市民生活、県民生活が大事だと見るか、という点で違いがある。私が宜野湾の市政を担当したときは、後者、すなわち市の仕事としては市民生活が大事だ、振興は民間でもできるという立場で行政に取り組んだ。県政も政策に違いがあると思う。

若い世代の新しい保守

一方、保守の側の変化については、下地幹郎元衆議院議員が指摘したとおり、若い世代の新しい保守が登場してきていることが注目される。
稲嶺惠一前沖縄県知事は、保守の新しい政治家について次のように語る。

従来の自民党の政治家とまったく心の違う、若い保守の政治家が登場してきている。佐喜眞淳宜野湾市長、松本哲治浦添市長、中山義隆石垣市長、宜保晴毅豊見城市長などがそうだ。従来の保守の政治家は、例えば翁長雄志那覇市長を始めとして、沖縄のなかで革新の人たちと共通する心を持っていた。革新とはイデオロギーでは猛対立するが、底流では、戦争に対する感情や、本土に対する感情で共通する部分がある。それに対して、新しい世代の人たちはまったく異質だ。同じ沖縄人でも、世代によってまったく意識が変わっている。昔の人は差別されたという意識があるが、若い連中はそれがない。前の人には卑屈な面があったし、それに反発する面もあった。非常に微妙な心理だ。今の若い世代にはそれがない。

自民党所属の国会議員も、こうした若い政治家の動きに注目する。

佐喜眞淳宜野湾市長、松本哲治浦添市長、中山義隆石垣市長、宜保晴毅豊見城市長などは仲井眞知事を激励している。この四十代の若手の市長は、同じ市長会のなかで、翁長さんとはちょっと違うという感覚をもっているやに見える。

一方、稲嶺進名護市長は、こうした保守系の首長の動きに懸念を抱く。

土着政党が中央集権化され、政党の地方支部として中央統制される中で、自民党県連も公明党県本も中央に反して独自の公約を掲げたということについて、私はそこで最大公約数的なところで何かできるのかなと思ったのだが、時間が経つにつれて首を絞められてきて、結局身動きがとれなくなってしまっている。

去年の石垣市での市長会で、建白書の採択や、オスプレイ反対の決議などを受け、私から、みんなでアメリカに行って沖縄の現状を訴えようということを提案したところ、その場では全員の賛同を得たが、その時欠席していた二人の市長も含め、全会一致で決めようということになった。欠席していたのは、東門美津子沖縄市長とある保守系の市長の二人。東門沖縄市長には電話でどうですかと聞いたらＯＫ、分かりましたということだったが、もう一人の市長には連絡がとれないということで、結局その日は決められなかった。そこで三ヵ月後の次の市長会で、私はもう一度提案したところ、みな同じ立場ではないということに変わっていた。それまでの間、色々中央から来たのだと思う。それで結局決められなかった。

しかも、その際の議論のなかで、それまでの市長会での全会一致の反対決議について、そのときは民主党政権だったからと言ってのけた人がいたことには落胆した。結局そういう人は市民とか県民とかは関係ないのだ。心配なのは自分の身の振り方だけ。中央に楯突いて公認がもらえないことが心配で、結局は何も打ち出せない。そういう政治家が国民のため、県民のためと言ってみたって信頼できない。そういう人たちは政治家とは言えないだろう。

こうした若い政治家が保守の中に出てきたことは、若い世代の政治意識が変わってきたことを意味するのか。稲嶺進名護市長は、次のように分析する。

変わってきているというより、もともと沖縄の戦後史をしっかり理解していないのではないか。それを分かっていたら違うのではないか。長いものには巻かれろというような、事大主義から来ているとしか私には思えない。だから考え方が変わったのではなく、そういうふうに育てられてきたということだろう。

沖縄戦の記憶も風化してきた。かつて六月二十三日にはすべての学校で平和学習という形のものをやっていたが、今は数えるほどしかやっていない。戦争に対して実感がない、米軍統治時代を知らない、という復帰後に生まれた人が今は半分を超している状況だから。

大田昌秀元沖縄県知事は、教育界の問題と革新陣営内部の問題を指摘する。

県民の意識が変わってきたというより、変えられてきたというほうが正しいだろう。だから、教育基本法を変えようとしたり、教育長を任命制にしようとしたり、市長に権限を持たそうとしたりして、教育に手をつけようとしている。それは、かれらが教育こそ大事だということを知っているからだ。

今、教組が狙い打ちされている。特に沖縄の教組は、組織率の面で北海道の教組と並んで一番強かった。だから文部科学省は沖縄の教組を狙い打ちにしている。それに対して、竹富島が育鵬社の教科書を使わないといって頑張っている。

しかし、そうして狙い打ちにされてきたから、沖縄の教組の組織率はぐっと下がってきて、運動が停滞してしまった。そうすると、もともと教組が中心になって他の組合を引っ張っていたので、よその革新系の組合も力が弱くなってきた。だから知事選挙も二回続けて負けてしまった。また、連合は民主党を推していたが、民主党がへまなことをやったものだから、組合に対する組織率が落ちてきて、革新系の陣営が力を落としてしまった。

そういうときに、こんどは共産党系が、日本と沖縄を対峙させるような議論に丸反対なのだ。沖縄の問題の解決は、沖縄の人民と日本の人民が手を結んだときに初めて実現すると共産党系は言って、沖縄と本土を対立関係において批判することを嫌がる。だから一方では、安倍政権が教科書問題を含めて徹底的に取締りをしていこうとしているのに対する日本のルーズな発想に対して、沖縄側から批判がいくと、それはまずいと、本土の人民と沖縄の人民が手を結んで初めて改革ができるのだというのが、共産党系の発想だ。

山内徳信元参議院議員（社会民主党）は、本土からの介入に対して、次のように懸念を表明する。

それぞれ背景がある。その背景は、ヤマトから持ち込まれている。戦前でもそうであったが、戦争政策の推進は、教育から始まる。今の教育のあり方に対しては、教育委員会の責任云々の問題もあるが、教科書の問題もある。次第に真実が語られない教科書になりつつある。そういう教科書を作ろうという超保守的な本土の団体が、石垣市や宜野湾市や浦添市に上陸している。そういう人々が、水面下で選挙を通して主導権を握るような動きが近年非常に強まってきている。オール沖縄の中に保守も革新もいるが、これまでの本当の保守とは違う、もうひとつ別の保守として、未来の日本を誤らせるような人たちが出てきている。

昨年、建白書を携えて上京し、日比谷公園で沖縄集会が開かれた。あの会場を埋め尽くすほどの人々が集まった。集会後、銀座に向かって上京団とともにデモ行進をしたが、その際、琉球非国民、売国奴は出て行けとか、中国の回し者、旅費は中国からもらっているのかなどとマイクで罵声を浴びせられた。それは、私も戦後六十何年か日本のどこでも経験したことのないような異様な感じだった。かれらはみな日の丸や旭日旗を掲げていた。それを見て私は、忘れていた戦前の軍艦を思い出した。

そういう場面を見たときに、これでは日本は危ないと思った。それに共鳴する若い人も増えているというが、とにかく世の中が安定し、仕事も安定していないと、不満や鬱憤の捌け口がそこに行ってしまう。新宿の大久保でも同じようなことが起きているということを新聞で見ているが、私はそういうふうな日本の現在の状況をかなり心配している。そういうものが日本の大勢を制してしまうと、政治家もそういう方向に向いて動かざるを得なくなり、国会でもそういうモノの言い方になってしまうことを懸念している。

保守の分裂？

こうした懸念をよそに、従来の沖縄の保守の中に、少なくとも二つの流れが出てきて、それぞれ異なる方向に向かおうとしていることは、間違いなさそうだ。一つは、仲井眞県政を支持して、本土政府との協調路線を選択する流れで、もう一つは、翁長那覇市長の唱えるアイデンティティ論を軸に、保守の一部が中道路線を取って革新と共闘するという流れだ。

前者の流れに属する立場からは、翁長那覇市長に対する懐疑的な声が聞こえる。自民党所属国会議員は次のように語る。

翁長さんも純粋にやっているのだが、本土側に与えるメッセージとしては、誤ったメッセージになりかねない。基準は、過大な米軍基地を整理統合してくれというのがベースとしてある。だが、具体的に辺野古への移設に反対ということになってくると、冷静に考えたら、あの四八〇ヘクタールの普天間が辺野古では一六〇ヘクタールになり、しかもぎりぎりの埋め立てで、既存の基地に統合されるということは、いいことなのだ。嘉手納以南のキンザーも返ってくる。それでなんでこうなったのか。

翁長さんが普天間の辺野古移設に反対しているということだけが、伝わってくる。それと、オスプレイ反対の行動も、古いヘリコプターがなくなって、新しい機種に変わるとすれば、オスプレイしかないということは分かっている。法治国家として法律的に止める手立てがないことも分かっている。だから、反対するといっても、どう反対するのか。もし、本当に止めようとすれば、違法行為をして、フェンスを壊して、オスプレイを叩き壊すくらいの血みどろの闘争をしないとできないだろうが、これはそこまでいく戦いではない。

辺野古反対やオスプレイ反対の行動の先頭に立って、本土にも来て集会や街頭行動をしたら、本土の人は、とても冷たかったというが、我々は行く気もないし、大会に参加する気もない。法的に止める手立てがまったくないものを、どうやって止めるのか。革マル以上のことをやってでも止めようとするのか、というふうにしか見えなかった。それなのに、みんな、わーとなって上京して来た。来たら、非国民呼ばわりされた。その辺りが、掛け違いになっているかもしれない。

後者の流れについては、既に見たように、革新の一部に期待感がある一方で、忌避感を示す向きもある。大田昌秀元沖縄県知事は、次のように切り捨てる。

私はオール沖縄といわれるものを信用していない。今の保守側が、オール沖縄というテーマを掲げて、革新陣営に入り込んでくるのは、選挙対策だ。十一月の知事選挙に立候補したいような連中が、そういうことをやっている。建白書で四一市町村長や議長会の連中が一致できたのは、一般の県民世論が、そこまできていたということであって、やっぱり選挙問題だ。基地を受け入れるとやってしまえば、次の選挙に勝てないという恐れがあるから、すりよってきたのだ。

その後、自民党の国会議員が惨めなことをやったが、それに対してみんな屈辱を感じていて怒っている。あんな屈辱的なことは、薩摩が琉球国王を捕虜にしたのとまったく同じで、我々も目を背けるような状態だ。国会議員ともあろうものが、たかが一政党の幹事長の後ろでうなだれている。ああいうのは薩摩の琉球侵略と同じだとみんな怒っている。最近の新聞投書でも、沖縄を虫けら同様に扱っているという投書がいっぱい出ている。

保守の側が革新に潜り込んできている。ではこの保守が本当にそう思っているかといえば、私は全然それを信用しない。私が県知事であったときに、基地反対に一番抵抗していたのが、今頃になってオール沖縄などと唱えている連中だ。そうした過去の経歴や主張を見ると、信用できない。いつ変わるか分からない連中だ。沖縄人の最大欠点として事大主義を挙げた伊波普猷の指摘が今も生きていると私は見ている。

仲井眞知事が県外と言っていたことに対し、私がかれを信用しなかったのは、県外といいながら抽象的で、県外の中味が分からなかったからだ。私だったら、県外ということなら、総理大臣、外務大臣、防衛大臣の地元にもっていけと言う。ところが私が知事のときは県外とは言わさなかったし言わなかった。つまり、それは自分の痛みをただ県外に移すだけであって、問題の解決にならないからだ。問題の解決は、安保条約を破棄して、在日米軍を撤退させることが本質的な解決策であって、だから私は県外とは一言も言わなかったし、言わさなかった。

今、選挙が近いから、オール沖縄的なものがあって、またこの連中がいんちきなことを始めているとしか私には思えない。だから信用できない。那覇市長など県議時代に、県議会でどんなことを言っていたか、議事録を調べてみれば、びっくりするだろう。そういう人が、選挙が近づいてきて、自分が出たいという発想があるものだから、急にオール沖縄なんかをやっている。これに負けたら今の革新もだらしない。

客観情勢からいうと、今のところ、翁長氏が優勢だと見ているが、今の沖縄の投票行動をみていると、無党派層が五三%くらい占めている。だから、むしろ大学教授とか、党派を組まないで、純真に主張をもって改革をしていくという人じゃないと沖縄問題は救えないと見ている。既成の政治家にやらせても、しれたものだと見ている。みんな野心をもった連中がいっぱいいるから。その辺を、きちっとした筋道を通していけるようにしていかないと沖縄は救えないと見ているので、我々としては、オール沖縄などという、いかにもおためごかしの言い方でやっているが、一番大事なのは、心からそう思っているのなら信用してもいいと思うが、そうはぜんぜん見えない。自民党だってオール沖縄といってやってきて、あんなふうに幹事長の一言ですぐ変わる。県会議員も変わる。こんなだらしない状況でオール沖縄などと言ったって、信用できない。

これから一年、知事選挙まで、どういう現象が起きるかということは、私は相当な嵐があると見ている。これから沖縄を作る意味で大事な時期になる。来年の初期ころまで騒ぎが続くだろう。

ただ基地を県外、県外と抽象的なことばかり言っているから、これは本気でないとすぐぴんときた。思っていることと違ったことを平気で発表する連中がいるものだからますます混乱するが、長いことここにいてそういう人たちの過去の歩みを見ていると、あいつは口先だけだということがすぐ分かる。だから今のオール沖縄も、こと基地を外に移すということについてはオール沖縄になり得るが、ではいざ細かくどうするかということになるとまた分かれてくる。だから、そういうものはあまり信用できない。

今後どういう展開になるかというと、血を見る騒ぎが起きかねないということで、行政がコントロールできない事態になりかねないから、そうさせないためにはどうすればいいかということに私は目を向けている。マスコミがオール沖縄と盛んに書きたてているが、我々はそうは見ていない。

安保政策の不一致

革新側にはこうした厳しい見方もあるが、敢えてそれを封印して、基地問題について同調してきた保守の一部を取り込んで、全県的な大連立を組んでいこうという動きも顕在化している。その場合目指すのは、革新主導でことを進めるということだ。そのことは、既に紹介した、吉元元副知事、山内元参議院議員、伊波元宜野湾市長の言葉のなかで示されていたとおりだ。

しかし、革新と保守の一部が共闘するとして、安保や基地問題一般についても、政策を一致させることはできるのだろうか。

従来安保容認であった保守のなかに基地反対の動きがでてきたことについて、稲嶺惠一元沖縄県知事は、次のように解説する。

新たな基地建設について反対ということであって、基地反対闘争ではない。その前提は、日本の首相がいったん県外移設はできると言ったではないかということで、できないことを言っているのではない、安倍首相もやる気になればできるのではないかということが根底にある。

同様の見方は、現保守県政の副知事を務める高良倉吉氏も表明する。

基地問題についてオール沖縄といわれる状況ができたのは、辺野古に普天間の代替施設を作らせない、県内移設を認めないということである程度大同団結できたということだ。基地負担の大幅軽減とは言うのだが、なにも嘉手納基地を返せとか、基地全般に対してノーということまで一致して言っているわけではない。一致できたのは、あのようなきれいな海に、地元が嫌がっているにも拘わらず、基地を作ろうとしていることに対し、それは作らせないという点においてであって、そこで保守と革新の諸勢力が一致でき、オール沖縄的な状況が達成できていたということだ。

そして、その後の仲井眞知事の埋め立て承認の決定は、そうしたオール沖縄という立場からは、裏切り行為とされている。しかしオール沖縄といっても、それはあくまでも、普天間の代替施設についての一致であって、基地全般についてではない。したがって、従来の保革の構造はそのまま残っている。そこに、県外移設ということで保革の枠を超えてまとまることができた、建白書の精神は生きている、その精神のもとでオール沖縄的なものを継続し、十一月の知事選に向けて力を結集し、協力関係を築いていこう、というようなことを各会派が集まって議論しているようだ。そこには、革新だけでなく、生活の党や県民ネットなど、必ずしも安保についての考え方が一致しない人たちも参加しているようだ。

しかし、私は現実に、建白書を決議した段階と今とでは状況が変わってきていると思う。仲井眞知事の埋め立て承認以降、宜野湾市長や浦添市長、石垣市長など多くの首長たちが、オール沖縄的な建白書の世界から腰を引き始めている。各議会の抗議決議も、かつてのように全会一致ではなくなり、せいぜい多数決での決議に止まっている。だから既にオール沖縄的なものは現実には存在しなくなっている。一時的にはオール沖縄でまとまったが、そのときはまだ知事の承認決定の前の段階だったので、知事も不承認にしてくれるのではないかという期待値があった。知事自身はそういう動きとは一線を画していたのだが、かれらは知事も自分たちに近いのではないかと考えていた。かれらは、今でもオール沖縄というものを再構築したい、再構築することによって十一月の知事選において、仲井眞とは別の、自分たちの要望をかなえてくれるような新しい知事を誕生させられると思っている。

しかし私は、それはリアリティのない議論だと思う。もはや、建白書を出したときや、各議会で全会一致で抗議決議をしたときのような、オール沖縄としてのまとまりはないと思う。かつての時期には辺野古に基地を作らせないということで一致できていたが、そのメンバーたちは基地問題に対するスタンスがそもそも違うし、安保に対する考え方も違う。蓋を開けてみたら違う人たちが、辺野古に基地を作らせないということでまとまっていたに過ぎない。それがここに来て、自民党県連や、自民党の県選出国会議員に続き、知事の承認決定を支持する首長がでてきた。建白書に名を連ねた首長や議長たちも変わってきた。那覇市議会の知事に対する抗議決議も全会一致ではなかった。今やオール沖縄的なものは、さらに時間が経てば経つほどなくなっていくのではないかと見ている。

これを図式化して言うと、従来沖縄では、「安保・基地」が保革を分ける分岐点、分水嶺としてあったが、それにプラスして、不公平な沖縄への過重負担、というものをより重視するという考え方が加わったということだ。新たな過重負担として辺野古のことがあるが、オスプレイの配備も含め、根っこにあるのは基地が沖縄にあまりに集中しすぎている、ということで、そのことは保革を問わず共通の認識だ。そうした共通の現実を県民はみんな共有しているのだが、選挙で行動するときには「安保・基地」にどういうスタンスを取るかというところで分かれていた。従来の知事選挙はそういう形だった。

しかし今はそれにプラスして、不公平な過重負担、新たな負担の押し付けをどう見るか、それにどう対処するかという問題が加わったということだ。それがオール沖縄の思いであって、それを象徴するリーダーが翁長那覇市長だ。そこからある人は構造的差別という言葉を使ってみたり、あるいは、それは今に始まったことではなくて歴史的にあることだとして、しばしば歴史認識問題化するような言説が主張されたりする。オール沖縄的なものを大事にしたいという気持ちを持つ人は、従来の保守対革新という形の対決の知事選挙ではなくて、違う形の知事選にしたいと考えているのかもしれない。しかし、それは構図としてはもうオール沖縄ではなくなっていると思う。

その点では、公明党の動きが象徴的だと思う。

安保に対するスタンスで、保革が一致することはあり得ないと見るのは、前出の自民党所属国会議員も同じだ。

県民の心を一つにという形でアイデンティティ論がくるのは、非常に耳触りもいいし、とてもいいことだが、根本まで突き詰めていくと、日米安保条約を破棄せよというグループと、堅持すべきだというグループが、一つになりようがないということになる。いくら県民感情を強調しても、どうしても最後、とどのつまりは日米安保条約に対するスタンスで分かれるだろう、というのが私の立場だ。

やっていることがまったく分からないでもないが、どう考えても、民主主義の世の中で、一〇〇％みんな同じ考えというのはあり得ない。むしろ批判勢力もあって、バランスを取るなかで、どっちかが五〇％を超えて政権を取る、知事を取る、県政を取るというのが、私の基本だから、県民の心を一つにというスローガンそのものは分かるが、それが政治の場でうまくいくとは思っていない。五〇％プラスアルファあれば選挙は勝つのだから。

自民党を離党した下地幹郎元衆議院議員も、辺野古反対のみで共闘するオール沖縄というものに対して、懐疑的だ。

それ（辺野古反対のみで共闘するオール沖縄）はあまりに政局的だ。オール沖縄という言葉の中に入った自民党を見てみたらよい。自分が選挙に負けているときはオール沖縄に入る。堂々と赤鉢巻もゼッケンもする。しかし勝ったら、それを取って、石破幹事長に寄っていく。それが今真実の姿だ。これは多重不信以上の状況だ。

オール沖縄に、一番力のある自民党が入らないで、オール沖縄が作られるだろうか。私のように、自民党を辞めた人間から見てもそう思う。自民党と、社民党や民主党などという政党が集まってこそ、オール沖縄が成立する。それなのに、政党を全部置いておいて、集まるというときの、コアは何なのか。辺野古反対だけで白黒付けたいのだろうが、それがオール沖縄で集まるときのコアとなるのだろうか。辺野古反対が、なにもかもを包み込んで、これさえできたらというほどの高い位置にあるのだろうか。政局的に、高い位置にしたい人はいるが、そんなにこれでまとまらなきゃならないのか、いうことになってくると、疑問だ。

基地反対派の人たちにとっては、もうこれしかない、ということだろう。しかし、沖縄には他にも悩みがいっぱいあるのだ。例えば、名護の県立病院では医者が足りない。産婦人科医がいないので、子どもが産めない。病院がそんな状況なのに、辺野古に賛成か反対かで争っていていいのか。ポイントがずれていると思う。

新聞がその方向に県民を引っ張っていく。しかし、冷静に見てみると、名護の市長選挙の結果は、一万九千票と一万五千票で、四千票差、五五対四五だ。事前の新聞論調では、九対一とか八対二とか言われていたのに、この票差だ。我々は六千票開くと見ていた。あんなに市が分裂して、あんなに仲井眞さんが「いい正月を迎えられる」などと変なことを言って、あんなに石破幹事長が余計なことを言って、公明党が革新側に流れて、それまで保守系の人たちが表立って革新側を応援して、翁長那覇市長が市会議員を送り込んで、それでこの差か、ということだ。新聞は大差と書かざるを得ないからそう書いていたが、決して大差ではない。もし自公が組んでやっていたら、この差はゼロになった可能性がある。そこのところはもう少し冷静に見ておかないと、オール沖縄という言葉が浮いてしまう。

オール沖縄に期待はしているが、そういう現実は冷静に見ておかなければならない。この前の市長会でも、建白書の扱いでまとまらなかったようだが、町村会をやってもまとまらないだろう。


一方、一九九八年の沖縄県知事選挙に、保守系を支持基盤としつつ、「県民党」の立場で立候補し当選した稲嶺惠一前知事は、こう分析する。


今年一月の名護市長選の結果を見れば明らかなように、保守側にあれだけ政府も県当局も梃入れしたのに、革新との差は開いてしまった。ということは、今度の全島選挙については、さらに差が開くということが明らかだ。

それは、保革の間で革新が勝つということではなく、中道が革新に行くということ、サイレントマジョリティがそっちに動くということだ。それは、知事選の候補が誰になるかということとは関係ない。

かつての沖縄の革新は衰退の一途を辿っている。昔は猛烈な基地反対運動があったし、それを主導する教職員の力が大きかった。教職員は校内、校外で公然と選挙運動を行っていたが、今はそういうことはなくなった。教職員の地位や影響力も低下した。

世論調査をみても分かるように、政党支持率は極めて低い。マジョリティは無党派だ。だから、無党派がすべてを決めるということだ。それがサイレントマジョリティだ。

しかし、このサイレントマジョリティは、基地に対して非常に厳しい評価をしている。それを認識しないといけない。左だけだと思ったら、とんでもない。仲井眞知事の埋め立て承認決定についても否定的だし、こんどの知事選挙でもそういう否定的な意思表示をするだろう。

そのサイレントマジョリティの代表だと見られているのが、翁長さんだ。共産党以外の革新勢力の中では、翁長さんを立てようという動きがある。むしろ保守から自分たちのところに取り込みたいというところもある。保守は保守で、翁長さんでなければ勝てないと考えているが、翁長さん自身は、政府の方針にイエスとは言わないし、自民党とも一線を画しているので、自民党が保守系として推すわけにはいかない。

困った保守系の人たちのなかには、政党ではなく無所属で、例えば私の最初の知事選挙のときのように、県民党という形で推したいと考えている人たちもいる。これから翁長さんは、保革双方の引き合いになると思う。

一方、自民党系では、若い人たちの中で右寄りの人たちが、自分たちで代表を出したいと思っている。しかし、自民党を構成する人たちはむしろ古い人が多い。この古い人たちは、今の若い人とは違う、戦争の悩み、苦しみ、琉球人意識などが絡み合った複雑な感情をもっている。だから、簡単に若い人を推すというわけにはいかないだろう。

そういうことを含め、これから沖縄はものすごく変わる。どう変わるかは予測できないが、あと何ヶ月の間に、そのあたりの動きがでてくると思う。

政府と自民党は、東京都知事に自民党を除名された舛添氏が当選したことをしっかり認識するべきだと思う。東京ですらそういう状況なのだから、沖縄ではもっとはるかに厳しいと見るべきだ。

翁長氏の言うオール沖縄はまだある。選挙が絡まないときは、オール沖縄で一本化することはある。しかし、オール沖縄となると、難しさがいっぱい出てくる。例えば、中央とのつながりがある。特に共産党と公明党は、中央の影響力が強い。県連が自分たちだけでは決められない。逆に社民党は、本部が弱くなってコントロールできる状況ではない。自民党はかつてかなり自分党であったが、安倍総裁になってからかなり強引にコントロールするようになった。こういう中央とのパイプが絡むから、複雑になってくる。選挙となると、また別の要素が加わる。

自民党や政府が後押しする候補を立てた場合どうなるかといえば、それは、名護であれだけ努力してもうまくいかなかったように、うまくいかない。惨敗するだろう。

私も、知事選挙に出たときに、自民党色を出していたら、勝てなかっただろう。あのときは、選対本部の事務所にも自民党をほとんどまったく入れなかった。事務所の片隅に、連絡係が控えめにいただけだ。選挙演説でも、演壇には自民党は一人も立たなかった。

しかも、あの時には、新たな基地は認めるが、軍民共用や使用期限という条件を出して、それで県民がギリギリ納得したということだ。さらに北部振興や環境への配慮、岸本名護市長の主張していた基地使用協定など、いろいろな細かい配慮をすることによって、県民の反対を薄めることができた。ところが今回はそういうものは一切ない。仲井眞知事は、那覇空港の第二滑走路の建設など経済振興では、政府から成果を引き出した。しかし、それだけでは選挙には勝てない。普天間の五年以内の運用停止などの条件は、抽象的で、実現不可能だ。実現できるようなことであれば、なんとか納得するが、できっこないと思うからだれも納得しない。いくら日本政府のなかではそれは再三確認されていると言われても、アメリカには一言も伝わっていない、向こうも了解していないというからくりには、みんな気付いている。

11 怒りの矛先

怒りの広がり

こうした政治構造の変動をもたらしている原動力は、基地問題に対する県民共通の思いだ。それは、「思い」というより、「怒り」といってよい。これまで安保・基地問題に対して、比較的宥和的な立場を採ってきた保守の一部が、反対の立場を採る革新と足並みを揃えるようになってきたことは、それだけ、基地問題に関する本土への不満、反発が県民の中に広がってきたことを意味する。

保守のなかでそうした動きの中心になっている翁長雄志那覇市長は、次のように語る（この部分のみ、二〇一三年十二月八日付琉球新報紙の単独インタビュー記事より引用）。

日本は安全保障を沖縄だけに押し付けて平和を保ってきた。沖縄が負の部分を受け入れてきたから平和を享受できた認識が大変弱い。復帰後も沖縄に過重な基地を負担させている中で、憲法九条で守られているとか、戦争をしないとか言う。幻想や虚構に国民が安住してしまっている。

（オスプレイ配備撤回と県内移設断念を求めた）一月の東京要請行動はオール沖縄の形としてはそれ以上ないものをつくり上げたが、東京側は一顧だにしなかった。本土のマスコミからよく「沖縄はいつまで闘うのか。一過性じゃないか」と聞かれるが、「この寂しさがあなた方に分かりますか。沖縄が自らの力で頑張っても人ごとのように扱っている」と。沖縄のように忍耐強く一生懸命、国の在り方を含め意見を言い続ける所が他のどこにあるか。県民は誇りと自信を持っていい。

保守も革新も今日まで県民を守ってきたという意味で、双方が感謝し合うことが大切だ。今までは二重人格を強いられたが、やっと一つの心を持てるようになってきた。分断ではなく、両方でできることをやって初めて沖縄の将来がある。沖縄がしっかりすれば日本が変わる。沖縄問題にふたして日本を取り戻すことはできない。国益と県益は本当はねじれていない。

県民の心を一つにするためにはイデオロギーじゃなく、アイデンティティを大切にし、党利党略じゃなく最大公約数、腹八分腹六分で〇・六％の面積に七四％の基地は要らないという部分で互いが（共闘を）構築することだ。その中に県外移設があり、辺野古は認めないということがある。

――今後も一致して県外移設の要求を貫くべきだと。

そうです。菅義偉官房長官は「県外移設はあり得ない」と言い、辺野古ができなければ固定化だと恐怖心をあおっているが、世界一危険な基地を固定化させることは日米安保、日米同盟を「砂上の楼閣」に載っけるようなもの。一つの事件事故で同盟は崩れる。辺野古が認められないなら固定化するというのは、逆説的にできない話だ。県民が辺野古に絶対造らせないというのは環境問題からも市民の安全からもそうだ。強い心を持ち、プレッシャーに負けてはいけない。

オール沖縄の共闘

これまでのイデオロギー対立を乗り越えて、県民が心を一つにするということは、ヤマトとの関係において、オール沖縄として共闘しようということだ。これまでは県内でいがみ合ってきたが、これからはそれを止め、ヤマトを相手に闘おうということだ。
保守系の下地幹郎元衆議院議員は、次のように言う。

イデオロギーでは沖縄は戦えない。アイデンティティだったら勝てる、ヤマトと戦う柱が立てられると思っている。翁長さんは、戦略的にそう考えている。イデオロギーでは勝てない。だから、翁長さんもイデオロギーには絶対に手をつけないで、アイデンティティを主張している。

また、これまでイデオロギーで対立してきた相手の一人である革新系の伊波洋一元宜野湾市長は次のように言う。

沖縄は五百年以上にも亘って、途中には薩摩の侵略もありながら、平和的に薩摩とも、日本とも、中国とも共存する、そういう平和的暮らしをしてきたところだから、日本国憲法が合っている。ところが安倍政権は、日本国憲法を投げ捨てようとしている。ということは、日本国憲法は安倍さんのような日本人には合わないということだ。そこは文化も含め、アイデンティティの違いというところからきているのだろう。

翁長那覇市長のアイデンティティ論は、もともとかれが言い出したことなのかどうかは分からないが、かれが言うようになってから、自民党系のなかで、辺野古に反対している人たちが好んで使うようになっている。みんなにとって使いやすい言葉だし、いい表現だと思う。

翁長さんなりの咀嚼の仕方によるのだと思うが、それまで県内ではイデオロギーで、政治的にいがみ合っていたのを自分たちでどう解決するかということで、ウチナーンチュの共通項として、アイデンティティを見つけたということだろう。

私は、前の知事選挙のときには、翁長さんが選対本部長を務めた相手陣営から、中国の手先というキャンペーンを張られたが、政治というのはそういうもので、選挙が終わればまた日ごろの顔で付き合う。翁長さんはもともと右寄りの人だが、それでも政府や国のやることに納得できなかったのだろう。特に一時期は民主党政権のときだったから反発は強かった。もっとも、仲井眞知事が態度を変えたので、翁長さんとしては厄介だろうが。

安保・基地プラス不公平

それでは、本土政府と協調路線を採る現保守県政の幹部、高良倉吉副知事はどう見ているのだろうか。

基地問題については、どうしても安保という大きな国家的な枠組みや日米同盟が関わるので、沖縄が言っている不公平な過重負担という問題がなかなか動かない。それに対して翁長さんが言っているのは、それは沖縄がまとまって地域の思いを届けられないからだ、したがって、保革の枠を超えて一致できる点、つまり不公平な過重負担の問題について、中央政府により効果的に訴えるために、オール沖縄として、保革という分断された形ではなく、保革を超えた形で、沖縄の要求を東京に訴えていこう、そうして沖縄はまとまらなければ、基地問題を根本的に変えることはできない、ということだと思う。

それは、具体的なテーマとして辺野古移設問題があったので、非常に説得力をもっていた。そのころ仲井眞知事はそれに直接タッチしなかったけれども、環境アセスメントが始まり、それに厳しい注文を付けたうえで、県外移設を訴えてきた。それが現実的だと言ってきた。その意味で、知事の言い方と、翁長さんが言っていることとの間に大きな距離はない、ということだったのではないか。

しかしそこで、知事の場合は、実際に法に基づいて環境アセスメントの次に埋立て申請がでてきた。知事は、そうした法律上の手続きについては、ここに基地ができるから許可するわけにはいきません、という政治的裁量を及ぼすことができない。したがって法令に基づく行政手続きとして瑕疵がなかったから、知事は判子を押した、ということだ。そういう知事の行政の長としての仕事の部分はあるが、政治的なメッセージとして、現実的には辺野古より県外のほうが早いということも言い続けてきた。

しかしこの二つに共通していることもある。建白書を含むオール沖縄的な運動も、知事が県外移設が現実的だと言い続けてきたことも、いずれも現実において日米合意を変更させることはできなかった。しばしば日米のリーダーたちは、唯一の解決策は辺野古だと言い続けてきた。その結果どういう構図になったかといえば、オール沖縄的な立場から、仲井眞知事さえ埋立ての承認をしなければすべて解決すると考え、知事に不承認せよと求める運動が強まったということだ。県庁にも様々な団体がそうした要請に来たが、運動によって日米合意を変えることはできなかった。つまり辺野古移設を断念させることはできなかった。そうして最後は、地元メディアも含め、知事の埋め立て承認不承認という問題に収斂してしまい、そこでは誰も、知事が承認するか不承認とするかは、行政の長としての行政手続きの問題であるとクールには考えない。その結果、知事が承認したことによって、オール沖縄的な運動は、知事の裏切りによって、頓挫させられようとしているということになり、それに対して再びオール沖縄的なものを立ち上げなければならない、いうことになっているのだ。

だから図式的には構造の質が大きく変わったかといえば、変わっていないと思う。「安保・基地プラス不公平な状態」というものをどう見るか、という構図になり、そのなかの「不公平な状態」に対する認識は、仲井眞県政も当然共有する。そういう意味で、長く続いてきた基地問題をめぐる保革対立という構図は、ちょっと変わってきてはいるが、それが質的な転換かといえば、たぶんそうではないのではないかと私は見ている。

十一月に行われる知事選に、例えば伊波洋一さんが出馬するとなった場合は、保革の古典的な構図になる。糸数慶子さんが出ても同じだろう。しかしそこに、翁長さんが出れば違う。さきほど述べたプラスアルファの部分においてだ。

翁長さんは、仲井眞知事と距離を置いた形の連携に理解を示していて、伝統的な革新側の一部とも連携できる。そうすると、分かりやすい保守と分かりやすい革新ではない道を進んで行くということになるが、その場合、共産党は翁長さんと組んで選挙戦をやるのだろうか。両者の間では、あまりにも古典的な「安保・基地」という点での姿勢が違いすぎる。「プラス不公平」の部分だけで共闘が組めるのかという問題だ。だから私は、質的な構図は変わっていないと見ている。

今後の展開は分からないが、今のままでは、翁長さんが仲井眞知事の後継者になるとはお互いに思わないだろうし、周りも有権者もそう見ないだろう。では、翁長さんのような新しい知事となりえるリーダーというのは、どういうタイプのリーダーと評価すべきなのか。オール沖縄を大事にする政治家ということだろうが、その中身はどうかといえば、「安保・基地」というものを持ちつつ、「プラス不公平」という問題をより強調し、太字にしてしまうということだろう。とすると、その「プラス不公平」の不公平の問題を沖縄県庁の基地政策にどう具体化できるかということになる。具体化しようとした瞬間に、いわゆる伝統的な革新に支えられていて、しかもそれが県政与党となっている状態で、不公平の問題をどうすればいいかということになったときに、個々の基地政策をめぐり、「安保・基地」という古典的な問題が再登場し、否定するということになるのだと思う。だから、あまりラディカルに政治構造が変わっているとは言えない。少しずつ変容はしているかもしれないが、大きな変容という現象が起きているのではないというのが私の今の見方だ。

例えば、大田さんが一期目に出たときも保革だったが、保守の中から西銘さんに反発があったと聞いている。大田さんは経済界を中心に保守に食い込んだ。それが二期までやって、三期目にあれだけ強いといわれたのに、稲嶺さんに敗れた。

保守と革新それぞれの固定票の間にいる人々、サイレントマジョリティであれ、無党派であれ、中間的な人々であれ、これらの人たちが今の現実やこれからを見て、右に行くのか左に行くのかによって違うと思うが、その構造もあまり変わっていない。ただ、どっちに行くか分からない、数万の中間層の有権者が今何を考えているのか、何を感じているのか。この人たちはイメージとしてはノンポリで、生活を大事にするし、ウチナーンチュとしての誇りも持ちたいという気持ちもある翁長さんが主張しているのは、イデオロギーではなく、アイデンティティに立脚してやろうということだが、それは訴える力がかなりあると思うし、説得力もある。ただ問題は、そうした状況が知事選挙の行われる十一月までもつのか、そうした言説がリアリティをもって持続するかどうかだ。それまでに辺野古の埋立て工事が始まり、ひとつひとつの問題になってくる。それで中央政府は野蛮だ、野蛮な形で埋立て工事を始めてきたということになり、そういう状況が続けば、アイデンティティに立脚した考え方が説得力をもつということになる。いまのところ政府は本気で埋立て工事をやるつもりらしいし、稲嶺進名護市長はさまざまな市長権限を使って抵抗をするだろうから、そうすると稲嶺さんはヒーローとなる。その中で保革を越えて、イデオロギーを越えて、アイデンティティに立脚してオール沖縄でいこうという考え方が、リアリティをもち、説得力をもって続いていくこともありえる。

しかし選挙戦は既存の政治勢力や政党がやることになる。その時に、オール沖縄のアイデンティティで勝負するということを、どういう形で選挙公約に具体化していくのか。福祉とか教育とか文化とか、県政の課題は多岐に亘る。基地問題についてはどうするのか。どういう文言を選挙公約に書いていくのか。あまり詳しいディテイルを書かずにアバウト的に書いたほうがまとまりやすいので、そうするだろうが、そうしていざ県政が誕生したときに、待ち受けている具体的なひとつひとつの業務をどのように遂行できるのか。そうした細部に至るまでの詰めや、政党としてのガバナンス、見通しを欠いたまま政権を取って、結局は迷走し失敗した民主党政権のようになってはいけないと思う。

一方に、アイデンティティに立脚した、沖縄の心、沖縄の思いを担うことのできる、実現できる県政を構築しようという主張があり、翁長さんがその方向に寄りすぎると、それに対して、安保・基地という問題を尊重しながらも、基地の問題は簡単に片付くものではないので、少しずつ整理縮小し、段階的に状況をよくしていこう、しかし沖縄は基地問題だけではない、他にもいっぱいやらなければならない仕事がある、というようなことを主張する候補者が出てくる可能性がある。この二つの主張の間でどちらに世論が傾くのか。右に行ったり左に行ったりする分岐点にいる人たちがそこをどう判断するか。この人たちの意識がアイデンティティという方向に引っ張られていくのかどうかという問題だと思う。そのあたりのアイデンティティに対する感じ方、何をアイデンティティと感じるのか。言葉としては簡単だが、そのアイデンティティをどういうふうに説明していくのかが、大きな課題だ。

ヤマトへの怒り

高良副知事のいう「不公平」にせよ、革新のいう「構造的差別」にせよ、それに対する不満や反発は、本土の政府や日本国民に向けられている。言い換えれば、オール沖縄の怒りの矛先はヤマトに向けられているということだ。

高良倉吉沖縄県知事は、県政の指導者として、革新とは一線を画しつつ、次のように総括する。

構造的差別という規定の仕方については、それなりに理解はできる。しかし、ではどうしたらそれを変えられるかという問題意識がない。あるとしても、まさに構造を変えなければならない、ということになる。

他方、不公平という問題の立て方では、不公平を是正していけばいい。是正すべき不公平のしわ寄せが沖縄にあるということに対し、これは沖縄だけが持つべきことだろうか、できればみんなで分かち合ってほしい、という問いかけができる。そのことをみんなが理解したうえで、これだけは沖縄に持ってもらうことが必要だから、少し余計に持ってくれというはあるかもしれない。しかし、不公平であることと、不公平を是正しなければいけないという思いは共有してください、ということになる。

こうした問題は、実際基地問題以外にない。いろいろな問題があるなかで、沖縄だけが不公平の真っ只中に放置され続けているというのは、基地問題以外はない。こうした基地負担の不公平をどう是正していけばいいのか、という問題は沖縄だけでは決められない。日本国民全体の理解が必要で、しかもなかんずく政府が責任をもって取り組まなければならない。我が政府が覚悟してもアメリカがある。アメリカ政府と信頼関係を構築しながら相当厳しい交渉をしなければならない。というふうに、沖縄の手が届かないような問題に転換していく。

その時に沖縄側は何を言い続けるべきかといえば、「安保・基地プラス不公平」という問題だ。そしてそれをどうすればみんなのものにできるのか、ということだ。沖縄だけが一方的にシュプレヒコールするのではなく、どうすればこの状態を理解してもらって、一緒に考えてもらえるか、少しはこちらで引き受けようかという動きが出てくるかだ。

そこで重要なのが、復帰後四十年以上もの間に蓄積されてきたヤマトとウチナーの交流の実績だ。新聞やネットであれこれ書いているような人たちではない、名もなき人々、観光で沖縄に来て、「ちゅらさん」が好きだったという人も含めて、サイレントマジョリティかもしれないが、そういう人たちがヤマトの中でも沖縄の中でも増えている。この国に住んでいるそういう普通の人々には、良識があると信じたい。その良識が日本に定着しているかぎり、沖縄が分離するとか、沖縄なんか切り離せというようなことはならない。そういう意味で信頼関係というのは復帰後かなり構築されていると思う。そうした良識のある人々に応えられるような政権や政策というものを、わが中央政府がしっかり実践してくれるかどうかが重要だ。

かなり抑制的な言い方ではあるが、この発言の意図することはずっしり重い。中央政府と協調路線を採る仲井眞県政にとっては、多くの沖縄県民が共有する基地問題に関するヤマトへの怒りに対し、中央政府がどれだけ真剣に向き合ってくれるかが、県政に対する県民の理解と支持を得るにあたり極めて重要であるということが示唆されている。中央政府との板挟みという苦しい立場のなかで、構造的差別論やアイデンティティ論ほど先鋭ではないものの、沖縄県民の怒りを共有しているという点では同じだということも読み取れる。

そのことを理解することができるかどうか。まさに、ヤマトの人々と中央政府の良識が試されている。

おわりに

沖縄で静かに広がる怒りのエネルギーは、まだ地底のマグマ溜まりに留まっている。しかし、それはいつ何をきっかけにして再び爆発するかという、恐ろしい危険性を帯びている。大田昌秀元沖縄県知事や稲嶺恵一前沖縄県知事が懸念するような不測の事態が起きるかもしれないし、中央政府に非協力的な県政が誕生するかもしれない。

「構造的差別論」にせよ、「独立論」にせよ、「オール沖縄」にせよ、「アイデンティティ論」にせよ、今沖縄で唱えられているそうしたキーワードに共通するのは、ヤマトへの異議申し立てだ。そうした沖縄からの切ない声を、我々日本人がどう受け止めるのかということが、今厳しく問われている。

「構造的差別論」には、膠着してしまって解決の目処の立たない基地問題に対する怒り、本土政府と本土の人々に対する怒りが込められている。

「独立論」には、そうした膠着状態による閉塞感から自らを開放すべく、本土との関係を問い直そうとの意図が込められている。

「オール沖縄」という言葉には、これまで沖縄を分断してきた保守と革新という垣根を取り払い、沖縄県民として一体となって、基地問題に対応していこうとの願いが込められている。

「アイデンティティ論」には、沖縄県民が一体となるため、保革の間のイデオロギー対立を乗り越え、沖縄県民の誇りを取り戻そうとの思いが込められている。

沖縄の人々は、こうした言葉で表現される思い、怒りや願いを、これまでは心の中に封印してきた。しかし今や、言い方は異なるが、保守も革新も等しく、ヤマトに対する不満や不信を口にするようになった。それは、沖縄と本土との関係が、これまでとは違う新しい関係に移行しつつあることを暗示している。

新しい関係には、新しい発想で当たらなければならない。それを、これまでと同様の考え方や手法で対応しようとすると、大きな間違いを起こすのではないか。

沖縄の問題提起は、単に沖縄だけに留まるものではなく、自らの安全保障を沖縄に依存している日本という国のあり方にも関わっている。なぜなら、本来、我々が我々の安全保障を根本的に依存している地域には、それにふさわしい敬意と配慮が払われることによって、その地域の住民の理解と協力を得ることが重要だが、沖縄に関しては、安全保障の論理を優先するあまり、逆に沖縄の人々の尊厳を傷つけ、理解を得られなくなることによって、結局安全保障の根幹を崩し、日米安保体制に対する潜在的危機となっているからだ。

この危機的状況を正しく認識し、沖縄の発する異議申し立ての声に、謙虚かつ真摯に耳を傾ける必要があると思う。それは沖縄を甘やかすことでは決してない。沖縄を含む日本という国の将来のためだ。

ささやかながら本書が、そうした理解を深めることに少しでも役立つなら幸いである。

山田文比古（やまだ・ふみひこ）　東京外国語大学教授。１９５４年福岡県生まれ。１９８０年京都大学法学部卒業、同年外務省入省。１９８１年フランス国立行政学院留学。１９９７年沖縄県知事公室出向。沖縄県サミット推進事務局長、外務省欧州局西欧第一課長、フランス公使などを歴任。２０１２年外務省退官。著書『フランスの外交力―自主独立の伝統と戦略』（集英社新書）、共著『ヨーロッパの政治経済・入門』（有斐閣）

オール沖縄 vs. ヤマト
――政治指導者 10 人の証言

2014 年 6 月 30 日　第 1 刷発行

著者　　山田 文比古
発行者　辻一三
発行所　株式会社青灯社
東京都新宿区新宿 1－4－13
郵便番号 160－0022
電話 03－5368－6923（編集）
　　 03－5368－6550（販売）
URL http://www.seitosha-p.co.jp
振替　00120－8－260856
印刷・製本　株式会社シナノ

ISBN978－4－86228－072－5 C0031

小社ロゴは、田中恭吉「ろうそく」（和歌山県立近代美術館所蔵）をもとに、菊地信義氏が作成

●青灯社の本●

「二重言語国家・日本」の歴史　石川九楊
定価2200円+税

脳は出会いで育つ
──「脳科学と教育」入門　小泉英明
定価2000円+税

知・情・意の神経心理学　山鳥　重
定価1800円+税

16歳からの〈こころ〉学
──「あなた」と「わたし」と「世界」をめぐって　高岡　健
定価1600円+税

残したい日本語　森　朝男／古橋信孝
定価1600円+税

9条がつくる脱アメリカ型国家
──財界リーダーの提言　品川正治
定価1500円+税

新・学歴社会がはじまる
──分断される子どもたち　尾木直樹
定価1800円+税

日本人はどこまでバカになるのか
──「PISA型学力」低下　尾木直樹
定価1500円+税

おぎ・もぎ対談「個」育て論　尾木直樹・茂木健一郎
定価1400円+税

子どもが自立する学校
──奇跡を生んだ実践の秘密　尾木直樹　編著
定価2000円+税

神と黄金（上・下）
──イギリス、アメリカはなぜ近現代世界を支配できたのか　ウォルター・ラッセル・ミード
寺下滝郎　訳
定価各3200円+税

北朝鮮「偉大な愛」の幻（上・下）　ブラッドレー・マーティン
朝倉和子　訳
定価各2800円+税

毛沢東　最後の革命（上・下）　ロデリック・マクファーカー
マイケル・シェーンハルス
朝倉和子　訳
定価各3800円+税

「うたかたの恋」の真実
──ハプスブルク皇太子心中事件　仲　晃
定価2000円+税

遺言──「財界の良心」から反骨のジャーナリストへ　品川正治・斎藤貴男
定価1800円+税

魂の脱植民地化とは何か　深尾葉子
定価2500円+税

枠組み外しの旅
──「個性化」が変える福祉社会　竹端　寛
定価2500円+税

合理的な神秘主義
──生きるための思想史　安冨　歩
定価2500円+税

生きる技法　安冨　歩
定価1500円+税

他力の思想
──仏陀から植木等まで　山本伸裕
定価2200円+税

理性の暴力
──日本社会の病理学　古賀　徹
定価2800円+税